La colonisation nouvelle

(Fin XVIIIe-début XIXe siècles)

Publications ***de l'Association pour l'étude de la colonisation européenne***

Léger-Félicité Sonthonax. La première abolition de l'esclavage. La Révolution française et la Révolution de Saint-Domingue, textes réunis et présentés par Marcel Dorigny, Société française d'Histoire d'outre-mer et Association pour l'étude de la colonisation européenne, 1997, 175 pages.

Les abolitions de l'esclavage ; De Léger Félicité Sonthonax à Victor Schoelcher. 1793-1794-1848, textes réunis et présentés par Marcel Dorigny, Paris, Universitaires de Vincennes et Éditions UNESCO, 1995, 415 pages ; seconde édition, 1998.

The Abolitions of Slavery: From L.F. Sonthonax to Victor Schloelcher, 1793, 1794, 1798, By: Marcel Dorigny, New-York, Berghahn Books, November, 2003, 370 pages. (Traduction aux États-Unis de l'ouvrage précédent)

Léger-Félicité Sonthonax. La première abolition de l'esclavage. La Révolution française et la Révolution de Saint-Domingue, textes réunis et présentés par Marcel Dorigny avec la collaboration d'Yves Bénot, Nouvelle édition augmentée de documents inédits, Société française d'Histoire d'outre-mer et Association pour l'étude de la colonisation européenne, 2005, 223 pages.

Grégoire et la cause des Noirs (1789-1831). Combats et projets, sous la direction de Yves Bénot et Marcel Dorigny, Société française d'Histoire d'outre-mer et Association pour l'étude de la colonisation européenne, 2000, 191 pages ; seconde édition 2005.

1802 : rétablissement de l'esclavage dans les colonies françaises. Aux Origines d'Haïti, sous la direction d'Yves Bénot et Marcel Dorigny, Maisonneuve et Larose, 2003, 592 pages.

Haïti, Première République noire, sous la direction de Marcel Dorigny, Société française d'Histoire d'outre-mer et Association pour l'étude de la colonisation européenne, 2003, 2e édition actualisée 2007, 264 pages.

Hommage à Gérard Barthélémy. Un ami d'Haïti, textes réunis et présentés par Michel Hector et Marcel Dorigny, Revue de la Société haïtienne d'Histoire et de Géographie et Association pour l'étude de la colonisation européenne, 2009, 203 pages.

Couleurs, esclavages, libérations coloniales (1804-1860) : Réorientation des empires, nouvelles colonisations, Amériques, Europe, Afrique, sous la direction de Claire Bourhis-Mariotti, Marcel Dorigny, Bernard Gainot, Marie-Jeanne Rossignol, Clément Thibaud, Introduction par Pierre Serna, Éditions Les Perséides, 2013, 415 pages.

Guillaume Thomas Raynal, les colonies, l'esclavage et la Révolution française, textes publiés sous la direction de Marcel Dorigny, Paris, Société française d'Histoire d'outre-mer et Association pour l'étude de la colonisation européenne, 2015, 117 pages.

Notre Association a publié la liste complète des conférences mensuelles organisées depuis 1995 jusqu'au 9 juin 2018, avec le résumé de chacune d'elles. Ce recueil est complété par une présentation de l'Association et un index des auteurs.
Cette brochure est disponible sur le site de l'APECE : apece1750-1850.blog4ever.com

Illustration de couverture :

Abolition de la traite des Noirs
Réjouissances des Africains à l'occasion de l'abolition de la traite des Noirs d'après le traité de paix des puissances alliées du 20 novembre 1815.
Gravure coloriée.
Ph. Jeanbor © Archives Larbor

Sous la direction de

Marcel Dorigny et Bernard Gainot

La colonisation nouvelle
(Fin XVIIIe-début XIXe siècles)

Ouvrage publié avec le concours de l'APECE

SPM

2018

Journée d'étude organisée par l'*Association pour l'étude de la colonisation européenne (1750-1850)* le 11 juin 2016 en Sorbonne

ISBN : 978-2-917232-86-6

Éditions SPM 16, rue des Écoles 75005 Paris
Tél. : 06 86 95 37 06
courriel : lettrage@free.fr - site : www.editions-spm.fr

DIFFUSION – DISTRIBUTION : L'Harmattan
5-7 rue de l'École-Polytechnique 75005 Paris
Tél. : 01 40 46 79 20 – télécopie : 01 43 25 82 03
– site : www.editions-harmattan.fr

Introduction

Marcel Dorigny

Dans la seconde moitié du XVIIIe siècle s'est développée une puissante remise en cause du système colonial hérité des trois siècles qui ont suivi les fameuses « grandes découvertes ». Cette colonisation européenne s'était construite autour d'un petit nombre de principes qui en avaient constitué le socle et assuré prospérité et puissance :

- Le système des compagnies commerciales détentrices de monopoles au profit des différentes métropoles ;
- le système de l'Exclusif commercial, qui réservait aux métropoles l'intégralité des échanges avec leurs colonies respectives, y compris l'importation d'esclaves par la traite négrière ;
- la traite négrière et l'esclavage : l'exploitation minière d'abord, puis la mise en valeur agricole se fit quasi exclusivement par une main-d'œuvre africaine servile massive importée par une traite négrière qui atteignit son apogée quantitative dans les années 1780.

Les remises en cause de ce système portaient principalement sur l'archaïsme du système des compagnies à monopole et sur l'Exclusif commercial imposé par les différentes métropoles. L'émergence d'une nouvelle conception économique fondée sur la libre concurrence et le travail libre remettait le système colonial d'alors en cause dans ses fondements pluriséculaires. Le recours massif à l'esclavage comme force de travail fut rapidement au cœur des critiques du système tout entier : outre l'aspect violent et inhumain de cet esclavage et plus encore de la traite négrière, vivement critiqué par les « philosophes », le principe même du travail servile était contesté par les économistes « libéraux », autour du milieu physiocratique – notamment les publications de Dupont de Nemours dans les *Éphémérides du citoyen* – dès les années 1760 et d'Adam Smith et de l'École écossaise un peu plus tard.

De ces vives critiques est née une nouvelle conception de ce que devrait être la colonisation à venir : la journée d'étude dont les actes sont réunis ici propose une mise au point, fondée sur les recherches récentes, notamment internationales, sur les projets, les fondements théoriques et les tentatives de mise en acte de ce qu'il convient d'appeler la « Colonisation nouvelle », des années 1770 aux années 1830, voire au-delà pour les États issus de l'empire espagnol d'Amérique du Sud.

En juin 1791, au moment où la remise en cause du système esclavagiste s'affirmait au plan politique, Étienne Clavière, président de la Société des Amis des Noirs, formulait avec lucidité les lignes directrices du projet de « Colonisation nouvelle » : l'implantation en Afrique sera le substitut à la traite négrière dévastatrice de l'Afrique autant que barbare quant aux sort imposé aux Noirs sur les navires négriers puis sur les plantations des colonies du « Nouveau Monde » :

> Les Africains ne consomment-ils les marchandises avec lesquelles les Européens alimentent chez eux le carnage et la désolation, que parce qu'ils les paient avec des esclaves ? Cesseront-ils de s'habiller et d'user des bagatelles que nous leur vendons parce-qu'au lieu de recevoir de leurs mains sanglantes tant d'innocentes victimes de notre féroce avarice, nous leur demanderons les riches et nombreuses productions dont l'Afrique peut enrichir notre industrie manufacturière ? Non, les Africains sont des hommes ; ils sont par conséquent susceptibles des nombreux besoins que fera naître leur civilisation, si au lieu de la funeste rage que nous soufflons sans cesse dans leur âme, nous ne provoquons chez eux que des spéculations ou des enterprises pacifiques, dont il ne puisse résulter que des échanges innocents. [...] Outre les gommes, l'ambre gris, le miel, l'ivoire, les fourrures, l'argent, l'or ... outre les bois les plus précieux, les drogues les plus chères, toutes les sortes de poivre et d'épiceries, on y trouve encore le tabac, le riz,

> l'indigo, le coton en abondance, et à des prix inférieurs à ceux de tous les marchés connus. On y trouve enfin la canne à sucre, ce prétexte à tant de crimes auxquels nous devons la cherté de cette bienfaisante production[1].

En 1796, Talleyrand traçait sans ambiguïté la voie à suivre pour anticiper la chute inéluctable des colonies à esclaves des îles d'Amérique :

> Il est une vérité qu'il ne faut pas chercher à se taire : la question si indiscrètement traitée de la liberté des Noirs, quel que soit le remède que la sagesse apporte aux malheurs qui en ont été la suite, introduira, tôt ou tard, un nouveau système dans la culture des denrées coloniales : il est politique d'aller au-devant de ces grands changements ; et la première idée qui s'offre à l'esprit, celle qui amène le plus de suppositions favorables, paraît être d'essayer cette culture aux lieux mêmes où naît le cultivateur. [...]
> De tout ce qui vient d'être exposé, il suit que tout presse de s'occuper de nouvelles colonies : l'exemple des peuples les plus sages, qui en ont fait un des grands moyens de tranquillité, le besoin de préparer le remplacement de nos actuelles colonies ; la convenance de placer la culture de nos denrées coloniales plus près de leurs vrais cultivateurs ; la nécessité de former avec les colonies des rapports plus naturels, bien plus faciles [...][2]

La contribution de Francesca Sofia met en évidence le rôle de Sismondi, à peine une décennie plus tard qui proposa la même démarche devenue d'une actualité brûlante depuis l'Indépendance d'Haïti, le prototype de la colonie esclavagiste au sommet de la puissance et de la richesse, puis le cœur de la révolution des esclaves qu'il fallait impérativement circonscrire :

---

1. Étienne Clavière, *Adresse de la Société des Amis des Noirs, à l'Assemblée nationale, à toutes les villes de commerce, à toutes les manufactures, aux colonies, à toutes les Sociétés des amis de la Constitution ; adresse dans laquelle on approfondit les relations politiques et commerciales entre la métropole et les colonies, rédigée par Étienne Clavière*, Paris, Desenne, et au Bureau du Patriote français, 10 juillet 1791, XXVIII-318 p.
2. *Essai sur les avantages à retirer de colonies nouvelles dans les circonstances présentes, lu à la séance publique de l'Institut national le 15 thermidor an V* (23 juillet 1797), Paris, Baudouin, Imprimeur de l'Institut national, p. 16.

Tout est changé, et même sans la révolution sanglante qui a aboli l'esclavage et fait périr le plus grand nombre des Blancs, tout serait changé également. La durée du monopole était nécessairement bornée par les progrès de l'industrie européenne entre les tropiques. Cette durée approche de son terme et désormais le seul moyen de tirer parti des colonies est de les considérer comme des ports-francs […] »[3]. « L'intérêt de la France lui ordonne d'ouvrir les colonies de la Martinique, de la Guadeloupe, de l'île Bourbon, de Pondichéry, comme des ports-francs […] ; il ordonne enfin d'appeler les Français, non au commerce odieux des esclaves, qui épuiserait leurs capitaux et doublerait la mortalité parmi les matelots, mais au grand commerce de l'Univers ; à celui de tous les pays situés entre les tropiques, de toutes les colonies affranchies de l'Espagne et du Portugal, de toutes les puissances des Indes […][4]

Des projets de réorientation des modes de mise en valeur des colonies furent également développées en direction de l'immense (et ancien) empire néerlandais dans l'océan Indien et dans le Pacifique, et ceci dès le début du XIXe siècle, au moment où en Europe des Provinces Unies étaient sous domination française. Dans son étude publiée ici, Angelie Sens explicite clairement les enjeux des débats autour de la nature de l'empire colonial hollandais en cette période charnière, entre l'ancien monde colonial en voie d'effondrement (Amérique du Nord, Haïti, Brésil, colonies hispaniques du continent américain) et le nouvel élan colonial (implantation britannique aux Indes orientales, prise d'Alger par la France, prélude à un nouvel empire en Afrique). Au moment où la traite négrière est mise hors la loi internationale (congrès de Vienne de 1815).

Tout à fait nouveau pour le public français est l'apport de l'article de Clément Thibaud sur les nombreux projets d'implantations coloniales de type nouveau dans plusieurs États issus des processus d'indépendance des colonies espagnoles d'Amérique. Au moment où l'Europe connaît une multiplication des projets utopiques (Fourier, Cabet, les saint-simoniens, les frères Laffitte,

3. Sismondi, *De l'intérêt de la France à l'égard de la traite des Nègres*, à Genève, chez Paschoud et à Paris, 1814, p. 50.

4. Ouvr. cit., p. 58.

l'*aventurier* Mc Gregor...) beaucoup transposèrent ces projets dans les anciennes colonies du Nouveau Monde, là où l'innovation audacieuse semblait possible, là où les États n'avaient pas acquis la maîtrise complète de leurs espaces, encore très largement sous-peuplés. Cette dimension de la « colonisation nouvelle » s'inscrivait pleinement dans la dynamique qu'avait lancée le suédois C.B. Wadstrøm à l'extrême fin du XVIIIe siècle, à partir de son voyage en Afrique puis de sa fréquentation des milieux réformateurs d'Angleterre et de France à la fin du XVIIIe siècle, ce que le texte de Bernard Gainot met en lumière ici.

Ainsi, et c'est ce qu'entend mettre en évidence ce recueil d'études, il y eut bien multiplication des réflexions et des projets autour du devenir des colonies européennes, partant du constat de plus en plus évident que l'ancien système reposant sur les monopoles, l'Exclusif commercial et surtout la traite négrière, ne pourrait survivre longtemps encore. Le nouveau système colonial devait reposer sur la diffusion des sciences et des techniques les plus avancées auprès des peuples d'Afrique et d'Asie ; le refus de « l'esprit de conquête » – en partie hérité des textes les plus radicaux de l'*Encyclopédie* – devait permettre la mise en place d'un véritable « partenariat » entre puissances européennes et nouvelles colonies, notamment en Afrique, que l'interdiction internationale de la traite négrière en 1815 cessera de dépeupler et de dévaster.

Certes, le devenir proche de ce qui devint le second empire colonial européen, aussi bien en Afrique qu'en Asie, n'a pas confirmé ces grands projets issus de penseurs imprégnés de l'esprit des Lumières occidentales et des idéaux de la Révolution française ; il n'en demeure pas moins important de scruter minutieusement ces regards croisés sur le « projet colonial » des trois quarts de siècles qui ont précédé le grand partage colonial du second XIXe siècle, avant même son ultime phase à la conférence de Berlin de 1885, qui posa des « règles » pour la répartition des terres africaines entre les puissances européennes, lesquelles tournaient ostensiblement le dos aux théories développées par les penseurs de la « colonisation nouvelle ».

L'Égypte à la fin du XVIIIe siècle. Les embarras et les incertitudes de la politique coloniale française

Jean-Claude Halpern

L'Empire ottoman, et plus encore l'Égypte, occupent une position-clé pour le commerce français en Méditerranée. Plus encore, l'Égypte se trouve au carrefour de plusieurs mondes, l'Orient musulman, les Indes, et l'Afrique, au cœur de l'imaginaire colonial d'une France qui a perdu une partie de son Empire après la Guerre de Sept-Ans, et assiste avec perplexité à la révolte des colons d'Amérique du Nord. Si l'Empire ottoman exerce une tutelle très relative sur le pouvoir des Mamlouks en Égypte, il est l'objet des convoitises des deux empires tant de Russie que d'Autriche, et semble promis à un inéluctable démembrement. Depuis la fin du règne de Louis XV, le personnel politique de la Monarchie française s'interroge sur l'attitude à adopter envers cet allié traditionnel, qui est l'un des éléments de l'équilibre européen.

L'Égypte elle-même connaît une crise profonde à la fin du XVIIIe siècle. La concurrence des empires coloniaux et des produits transformés ou fabriqués en Europe, vendus par les marchands marseillais, bouleverse les termes de l'échange et ruine son commerce. Le sultan de Constantinople peine à faire reconnaître son autorité et exerce une tutelle très relative sur le pouvoir des Mamlouks, qui se disputent le pouvoir et multiplient les prélèvements fiscaux et les exactions, y compris à l'égard des commerçants français : la production agricole régresse, et la population ne dépasse guère quatre millions et demi d'habitants.

Dans la France des dernières années de la Révolution, la fuite en avant de la république directoriale trouve dans une expédition en Égypte des enjeux multiples : maintenir des intérêts commerciaux menacés par la décadence de l'Empire ottoman, établir de nouveaux rapports de force en Méditerranée orientale, déplacer la guerre contre l'Angleterre et briser sa mainmise sur le commerce de l'Inde, mais fonder aussi une colonie nouvelle selon les idéaux libérateurs de la « Grande Nation », qui serait une alternative prometteuse aux colonies esclavagistes d'Ancien Régime…

L'Égypte apparaît comme un élément important du réajustement des politiques coloniales françaises après la guerre de Sept-Ans puis la révolte des colons d'Amérique, un accès privilégié au commerce et aux richesses de l'Orient, permettant d'éviter la longue route du Cap et de faire pièce à l'affermissement de la présence anglaise aux Indes.

Volney,[1] qui visite l'Égypte en 1783, décrit Le Caire comme « un lieu de passage, un centre de circulation dont les rameaux s'étendent par la mer Rouge dans l'Arabie et dans l'Inde ; par le Nil, dans l'Abyssinie et l'intérieur de l'Afrique ; et par la Méditerranée, dans l'Europe et l'empire turc. » Le Caire a 250 à 300 000 habitants au XVIIIe siècle[2].

Le commerce oriental de l'Égypte emprunte plusieurs routes[3]. Au début du XVIIIe siècle, 30 à 40 navires égyptiens, 50 à 60 à la fin du siècle, fréquentent la principale, par la mer, de Suez à Djeddah. Le passage aller dure trois semaines, le retour environ deux mois. En général, ils ne font qu'un voyage par an.

1. VOLNEY, *Œuvres*, tome troisième. *Voyage en Syrie et en Égypte ; Considérations sur la guerre des Turcs*, Paris, Fayard, 1998, p. 143, reprise de l'édition de 1799. Édition originale : Constantin-François VOLNEY, *Voyage en Syrie et en Égypte pendant les années 1783, 1784 et 1785*, Paris, Volland, 1787, 2 vol. ; *Considérations sur la guerre actuelle des Turcs*, Londres, 1788.
2. Paris en a 600 000 en 1790, Londres 950 000 en 1800, Istanbul de 600 à 900 000 au début du XIXe, Ispahan 200 à 250 000 habitants à la fin du XVIIIe.
3. Lucette VALENSI, « Pays avancés et pays dominés » *in* Pierre LÉON, *Inerties et révolutions, 1730-1840*, vol. dirigé par Louis Bergeron, t. 3 de l'*Histoire économique et sociale du monde*, Paris, Armand Colin, 1978, p. 570-574.

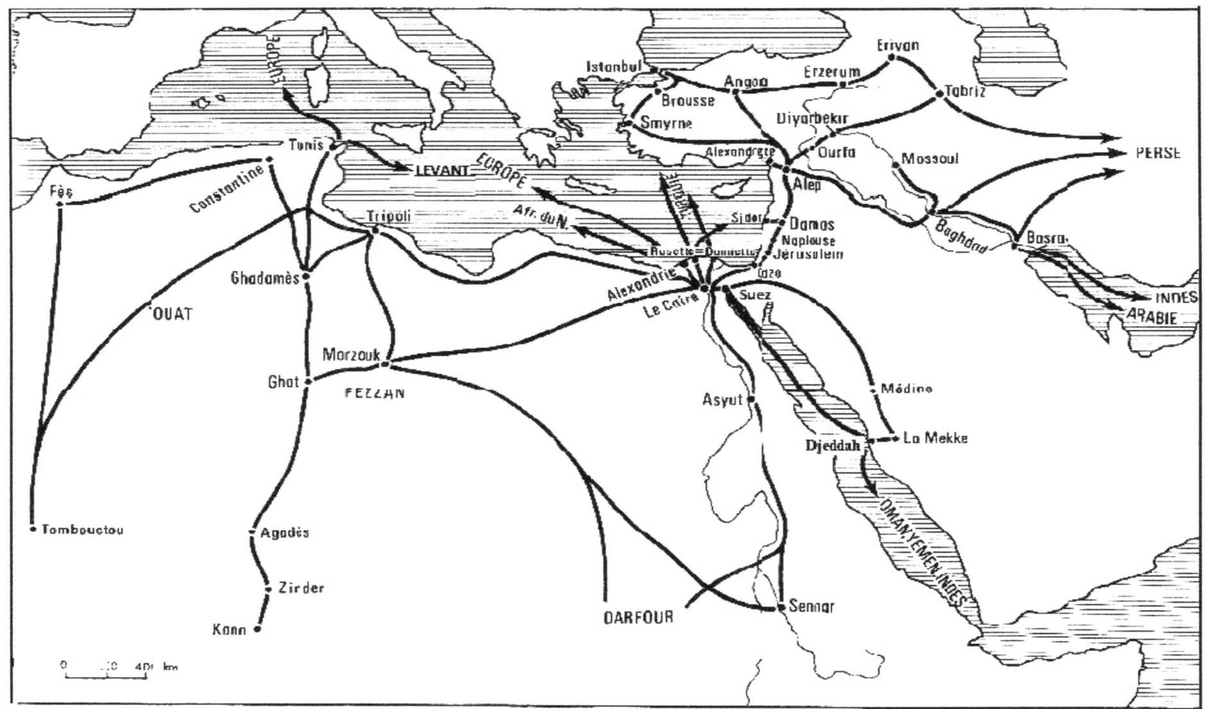

Les grands axes commerciaux du monde musulman au XVIIIe siècle.

Par leur tonnage, ils sont comparables aux navires marseillais qui se rendent au Levant.

Au sud de la mer Rouge, commerce et navigation sont le monopole des marchands et des navires du Yémen, d'Arabie et de l'océan Indien. Djeddah, par où transitent les pèlerins de la Mecque, est aussi le lieu où arrivent le café du Yémen, et depuis Oman, non seulement le café, mais encore l'encens et les épices des Indes.

Entre Suez et le Caire, les marchandises sont prises en charge par quatre tribus arabes spécialisées dans le commerce de caravane.

Le café du Yémen est devenu l'objet principal du commerce d'importation égyptien. Le Caire continue cependant d'importer l'encens et la myrrhe, la cannelle, les gommes, l'indigo ou les tissus des Indes. Au Hedjaz, l'Égypte envoie du riz et du blé, des fèves, des lentilles, mais aussi des produits de l'industrie européenne – étoffes, verroterie, métaux, papier – et enfin du numéraire, des piastres espagnoles et des thalers autrichiens, car ce commerce est déficitaire.

Le deuxième axe d'activité est le commerce africain, qui ne représente, en valeur, que 10 % du commerce oriental. Il est entièrement assuré par les caravanes.

La première, celle du Darfour, composée de 4 000 à 5 000 chameaux, arrive deux fois par an après un long et difficile voyage de quarante jours, jusqu'à Assiout, en Haute-Égypte. Mentionnée par Volney, elle est décrite de manière plus détaillée par Girard, à l'occasion de l'expédition de Bonaparte :

> Les importations de Darfour en Égypte sont plus ou moins considérables, suivant l'état de paix ou de guerre où vivent entre elles les peuplades voisines de ce royaume : plus la guerre est active, plus le nombre de prisonniers est grand, et plus aussi il y a de jeunes esclaves à transporter.
>
> ...
>
> [Ce nombre], année commune, en Égypte, monte à cinq ou six mille, dont les quatre-cinquièmes sont de jeunes filles ou des femmes. Les esclaves ont depuis six ou sept ans, jusqu'à trente et quarante ; ils sont vendus dans les différentes villes où s'ar-

> rêtent les caravanes, mais presque exclusivement au Caire, où il n'y a point de maison un peu aisée qui n'ait plusieurs négresses employées au service du ménage[4].

La seconde caravane, du Sennar, est plus modeste : elle ne comporte que 4 à 500 chameaux et arrive deux ou trois fois par an, après un voyage d'un mois. La caravane du Fezzan, enfin, est la moins importante et la plus irrégulière.

Ces caravanes importent encore en Égypte de la poudre d'or, de l'ivoire, des cornes de rhinocéros, des plumes d'autruche, de la gomme arabique, du tamarin, du séné, du natron. Elles exportent des étoffes égyptiennes et du savon, des produits européens comme du textile, de la verrerie et de la quincaillerie.

En troisième lieu, la Méditerranée.

> [Une caravane], formée aux extrémités du Maroc, et destinée pour la Mecque, appelle les pèlerins même des rives du Sénégal. Elle côtoie la Méditerranée en recueillant ceux d'Alger, de Tripoli, de Tunis, etc. et arrive par le désert à Alexandrie, forte de trois à quatre mille chameaux. De là, elle va au Caire, où elle se joint à la caravane d'Égypte[5].

5 à 10 000 pèlerins maghrébins s'arrêtent ainsi chaque année au Caire. Pour les liaisons maritimes, Alexandrie est le principal port, en relation avec la Turquie, l'Afrique du Nord et l'Europe. Si le commerce avec l'Europe et celui avec l'Afrique du Nord semblent à peu près équivalents, les échanges sont plus importants avec Istanbul et le reste de l'Empire.

En Europe, les partenaires principaux sont Venise, Livourne, et surtout Marseille. Ces ports importent du café, surtout dans le premier tiers du XVIIIe siècle, des épices, des produits africains, du riz d'Égypte, des laines et du coton filé, des toiles de lin et de coton. Ils expédient en Égypte des draps, de la cochenille, des métaux, de la verrerie, dont une partie est réexpédiée vers le Hedjaz.

---

4. Pierre-Simon Girard, « De la caravane de Darfour », *Mémoires sur l'Égypte publiés dans les années VI, VII, VIII et IX*, Paris, Didot l'Aîné, III, 1802, p. 304-305.
5. Volney, *op. cité*, p. 143-144.

La relation entre l'Orient musulman et l'Occident a considérablement évolué dans le courant du siècle, et devient de plus en plus inégale. Les Européens achètent des matières premières, de moins en moins de produits finis, et vendent les fabrications de leur industrie – le drap en particulier. Ils vendent encore les produits bruts de leurs empires coloniaux.

Les marchands anglais ont largement abandonné à la concurrence française le commerce de la Méditerranée orientale après 1753.

En France, Marseille a pratiquement le monopole du commerce du Levant, depuis l'édit de mars 1669 : en effet, une taxe de 20 % de leur valeur frappe les marchandises du Levant et de Barbarie, même lorsqu'elles appartiennent à un négociant français, si elles sont apportées par un bâtiment étranger ou qu'elles n'ont pas été chargées dans le port d'origine ; les bâtiments français venus directement des Échelles à Marseille échappent seuls à ce droit.

Le commerce de Marseille a doublé en valeur entre le début et le milieu du XVIIIe siècle, et encore augmenté de plus de moitié en 1785-1789. En volume, les achats de coton brut progressent de manière continue, et ceux de laine augmentent dans la deuxième moitié du siècle.

En retour, tous les draps, principal objet d'exportation, passent par son port, draps du Languedoc ou du Dauphiné ou tissus, plus grossiers, de Provence : les expéditions décuplent dans les années 1770, allant jusqu'à saturer les marchés du Levant.

Les circuits commerciaux sont désormais inversés. À la fin du siècle, Marseille réexpédie en Méditerranée 88 % des produits coloniaux qu'elle reçoit, en particulier le sucre, le café, ou l'indigo. Le café des Antilles devient au Caire un produit de consommation populaire, préféré au moka plus coûteux. En 1789, pour le trafic marseillais, la Méditerranée l'emporte toujours sur l'Atlantique, même si le commerce avec les Îles est en pleine expansion[6].

6. 48 000 000 de liv. tournois d'importations du Levant et de Barbarie et 30 000 000 d'exportations ; 53 000 000 en tout pour le commerce des Îles.

Enfin, si tout le commerce du Levant vers l'Europe se fait sur des navires chrétiens, c'est le cas également pour le trafic intérieur à l'Empire ottoman : sur 400 bâtiments qui naviguent entre l'Égypte et l'Empire turc vers 1776, 300 sont français…

Les Échelles sont des centres commerciaux importants de l'Empire ottoman où résident en permanence des négociants européens, en Égypte Le Caire et Alexandrie. Pour les Français, elles sont régies par les Capitulations accordées par Soliman II en 1536, plusieurs fois renouvelées, qui leur assurent la liberté de commerce et de religion, la sécurité des personnes et des biens, la libre circulation dans les eaux turques et la juridiction consulaire. La France a obtenu la protection non seulement des Chrétiens qui se rendent en Orient, notamment aux Lieux Saints, mais aussi, depuis 1740, de ceux, sujets ottomans, comme les Maronites, les Grecs catholiques, les Arméniens liés à l'Église romaine.

L'administration des Échelles relève du secrétaire d'État à la Marine ; elle est exercée par l'ambassadeur à Constantinople et sur place par des consuls dont la chambre de commerce de Marseille paye tout ou partie des traitements. Le sultan cependant ne veut seulement reconnaître le consul que comme le représentant d'un groupe minoritaire. Le consul est assisté par un chancelier et des interprètes ou *drogmans* ; quant aux marchands, ils sont des agents des maisons de commerce de Marseille. Viennent ensuite les commis, les artisans, les domestiques et aussi les chirurgiens et les apothicaires dans des pays où la peste ou le choléra sévissent fréquemment. En tout, une cinquantaine de personnes au XVIIIe siècle.

Les Européens cherchent à obtenir un statut d'exterritorialité complète ; ils obtiennent des avantages fiscaux et l'abaissement des droits de douane à un taux inférieur à celui que payent les habitants de l'Empire. Ils cherchent encore à soustraire à l'autorité du sultan certains de ses propres sujets, notamment des non-musulmans, ayant statut de *dhimmis,* de protégés, pour leur faire obtenir le bénéfice de leurs propres privilèges et exemptions.

Les dimensions de l'Empire ottoman ont imposé aux sultans la nécessité de décentraliser le pouvoir, et pour éviter les tentatives de sécession, de multiplier les contre-pouvoirs et de diversifier les recrutements. L'Égypte est administrée par le gouverneur, un pacha ayant rang de vizir, qui doit envoyer annuellement un tribut à Constantinople. Il est assisté, et en même temps surveillé, par de hauts fonctionnaires et des unités militaires, que les Européens appellent des milices. L'administration provinciale finit par devenir l'apanage des Mamlouks, dont les plus importants sont appelés les *Beys*. Le *diwan*, ou conseil, réunit les représentants des officiers des milices, des hauts fonctionnaires et les principaux religieux musulmans, les *ulémas*.

Les Mamlouks sont des esclaves en majorité Caucasiens, Circassiens ou Géorgiens, parfois issus des Balkans, voire d'Europe de l'Ouest ou d'Afrique noire. Ils sont vendus à un Mamlouk affranchi et reçoivent une longue formation militaire de cavaliers. La nomination à une fonction administrative importante entraîne l'affranchissement, mais ne dispense pas des liens de fidélité à l'ancien maître. Aussi les Mamlouks sont-ils organisés en Maisons, qui se méprisent les unes les autres.

L'Égypte mamlouke connaît son heure de gloire avec Ali Bey (1760-1772) qui élimine les maisons concurrentes, s'empare du pouvoir, ne reconnaît plus l'autorité du pacha et se rend indépendant du sultan, pacifie l'Égypte, en brisant la puissance des tribus bédouines, mais ses entreprises militaires augmentent considérablement la pression fiscale. Il voit dans le commerce de la mer Rouge le moyen d'augmenter ses revenus, appuyé par les marchands européens qui cherchent à ranimer le commerce des Indes sur cette route maritime, malgré l'hostilité des compagnies à monopole, et conquiert le Hedjaz. Il s'attaque encore à la Syrie, mais abandonné par son lieutenant Abou Dahab, son pouvoir s'effondre en 1772 et il meurt l'année suivante.

Abou Dahab (1772-1775), qui lui succède, reconnaît formellement le pouvoir ottoman, se montre prévenant envers les ulémas, qui voient en lui le modèle du bon prince musulman, et continue à négocier avec les marchands anglais la réouverture de la mer Rouge au commerce des Indes. Il prépare une nouvelle expédition de Syrie, massacre au passage la population de Jaffa, ce dont se souviendra plus tard Bonaparte, mais meurt brusquement devant Acre.

Commence alors le temps des troubles. Les émirs mamlouks se disputent le pouvoir : Ismaïl représente les partisans d'Ali Bey, Ibrahim et Mourad se réclamant d'Abou Dahab, et sont eux-mêmes rivaux. Quand un parti l'emporte, il chasse l'autre du Caire, en Haute-Égypte ou en Palestine. Ils font appel à des Bédouins ou des mercenaires, qui dévastent les campagnes. L'Égypte, traditionnellement exportatrice de céréales, devient importatrice ; les commerçants français eux-mêmes subissent les avanies des Beys. Ces derniers payent de plus en plus irrégulièrement le tribut à Constantinople.

Aussi le sultan entreprend-il d'intervenir militairement. Une expédition ottomane débarque à Alexandrie en juillet 1786, commandée par Hasan Pacha : les émirs se montrent incapables de lui résister et s'enfuient en Haute-Égypte. Les Ottomans cherchent à dresser les « dominés », excédés par les exactions des dirigeants mamlouks, contre ces derniers, en rétablissant la protection de la loi islamique. Mais ils déçoivent la population, en rétablissant les lourdes impositions dues aux nécessités de la guerre, et doivent négocier avec les émirs Ibrahim et Mourad en Haute-Égypte et installer au pouvoir Ismaïl Bey au Caire ; Hasan Pacha doit repartir en 1787, en raison de la reprise de la guerre avec la Russie.

En 1791, Ismaïl est victime d'une terrible épidémie de peste. Ibrahim et Mourad reviennent au Caire, dans une atmosphère de violences et de crise. Les ulémas essaient tant bien que mal de protéger la population, mais la situation ne fait qu'empirer jusqu'à l'intervention française.

L'idée d'une conquête française de l'Égypte est une idée ancienne : elle remonte aux Croisades. Mais, comme l'écrit dédaigneusement en 1672 le marquis de Pomponne en réplique aux propositions d'intervention du philosophe Leibniz à Louis XIV, « les projets de guerre sainte ont cessé d'être à la mode depuis saint Louis[7] ». Il ne s'agissait pourtant pas seulement dans les vues du philosophe de s'assurer la « domination universelle » de la Chrétienté, mais aussi celle du commerce de l'Orient[8]. À la même époque, Savary ne pense pas autrement, lorsque dans l'édition de 1679 de son *Parfait Négociant*, il suggère à Louis XIV de se rendre maître de l'Égypte afin d'entreprendre le creusement d'un canal de la Méditerranée à la mer Rouge, qui assurerait la prééminence aux commerçants français dans le commerce des Indes[9].

Un siècle plus tard, l'issue désastreuse de la guerre russo-turque (1768-1774) manifeste avec éclat la décadence de l'Empire ottoman et met à mal la politique d'alliance que poursuit tant bien que mal depuis le XVIe siècle la France, garante d'un équilibre européen compromis par l'effacement de la Suède et l'effondrement de la Pologne devant la nouvelle puissance russe. Mais elle porte aussi potentiellement atteinte à ses intérêts commerciaux fondamentaux en Méditerranée.

Choiseul est alors aux affaires. Talleyrand, qui l'a côtoyé dans sa jeunesse, souligne dans son célèbre *Essai sur les avantages à retirer de colonies nouvelles*[10], qu'il lit à l'Institut national le 3 juillet 1797, l'intérêt que le ministre portait, dans ce contexte, à l'Égypte :

> M. le duc de Choiseul, un des hommes de notre siècle qui a eu le plus d'avenir dans l'esprit, qui déjà en 1769 prévoyait la séparation de l'Amérique de l'Angleterre et craignait le partage de la Pologne, cherchait dès cette époque à préparer par des négociations la cession de l'Égypte à la France, pour se trouver prêt à remplacer, par les mêmes productions, et par un commerce plus étendu, les colonies américaines le jour où elles nous échapperaient[11].

---

7. *Œuvres de Leibniz,* notes et introd. par A. Foucher de Careil, t. 5, « Projet d'expédition d'Égypte », Paris, Didot, 1864, p. 359.
8. *Id.*, p. 5.
9. Jacques Savary, *Le parfait négociant,* 2nde éd., Paris, Louis Billaine, 1679, II^nde^ partie, p. 473-474.
10. Charles-Maurice de Talleyrand-Périgord, *Essai sur les avantages à retirer de colonies nouvelles dans les circonstances présentes,* Paris, Imprimerie de Baudouin, 1797, 16 p.
11. *Ibid.*, p. 14.

De fait, Choiseul voit dans une politique méditerranéenne active une alternative pour la France aux pertes de la Guerre de Sept-Ans : aussi la France a-t-elle annexé la Corse en 1768. Dans un *Mémoire au Roi Louis XV* du 16 mars 1770, il écrit :

> Je crois que la Corse peut assurer à Votre Majesté et à l'Espagne cette domination dans la Méditerranée et que cette île est plus essentielle au Royaume, la dépense qu'elle coûte, ou qu'elle a coûté, moins onéreuse que ne l'aurait été une île en Amérique, très difficile et très coûteuse à défendre en temps de guerre et qui ne procurerait que des avantages de commerce momentanés ; je crois que je puis même avancer que la Corse est plus utile de toutes manières à la France, que ne l'était ou ne l'aurait été le Canada[12].

Soucieux de l'équilibre européen, il encourage le sultan à déclarer la guerre pour soulager les Polonais, cherche à maintenir l'alliance ottomane, mais, lucide et pragmatique, il recommande dans le même temps à Saint-Priest, l'ambassadeur à Constantinople, « de ne pas se mettre hors de mesure de profiter des révolutions possibles dans les affaires générales et dans celles des Turcs[13]. »

La chute de Choiseul, en décembre 1770, met un terme à de quelconques projets égyptiens. Vergennes, ministre des Affaires étrangères de 1774 à sa mort en 1787, privilégie avant tout le *statu quo* en Orient et le maintien de l'alliance ottomane.

Pour autant, dans une note remise cette même année 1774 à son ministre, Saint-Didier, premier commis au secrétariat d'État à la Marine, préconise la conquête de l'Égypte. En 1776, le baron de Tott, ancien conseiller militaire à Constantinople, remet un mémoire dans le même sens au ministre des Affaires étrangères, prophétisant la dislocation de l'Empire ottoman, soulignant la richesse du sol, la variété des productions de la vallée du Nil et une position commerciale inégalée sur la route de l'Inde[14]. Saint-Priest lui-même, de passage à Paris l'année suivante, expose l'alternative « de préserver par des secours

---

12. *Mémoires du duc de Choiseul, 1719-1815*, Paris, Plon, 1904, p. 245.
13. Cité par François Charles-Roux, *Les origines de l'expédition d'Égypte*, Paris, Librairie Plon, 1910, p. 48.
14. F. Charles-Roux, *op. cit.*, p. 63-64.

efficaces l'empire ottoman incapable de se défendre lui-même, ou de le laisser tomber en s'appropriant le débris le plus à la convenance de la France[15]. »

Quant à Choiseul-Gouffier, successeur de Saint-Priest, il n'hésite pas à insister auprès de son ministre, dans une lettre du 25 janvier 1788, sur un retard proprement civilisationnel des Turcs et leur dépendance quasi-coloniale à l'égard de la France : « Si les Turcs étaient plus éclairés, écrit-il, ils ne nous vendraient pas leurs soies, leurs cotons, leurs laines, et toutes les riches matières que nos négociants envoient fabriquer en France pour les revendre sur-le-champ avec un bénéfice énorme… » Les Turcs, conclut-il, « doivent… être considérés comme une des riches colonies de la France ; mais Sa Majesté, en se chargeant de la conservation de cette colonie, acquerrait le droit de lui imposer des conditions[16] »… La France, en quelque sorte, aurait vocation à exercer un véritable protectorat sur l'Empire ottoman.

Les partisans d'une intervention soulignent donc qu'un partage de l'Empire ottoman par les empires de Russie et d'Autriche ruinerait les privilèges de la France et le réseau des Échelles ; aussi faut-il renoncer à l'alliance traditionnelle avec le sultan. Tandis que de nouvelles possessions coloniales dans le Levant, non seulement consacreraient en quelque manière une situation de fait, mais permettraient de compenser la perte des Îles à sucre ; la France obtiendrait en outre le bénéfice de la réouverture de la route commerciale de l'isthme de Suez, tombée en désuétude depuis le contournement de l'Afrique. Plus encore, en 1782, l'impératrice de Russie Catherine II avait proposé à l'empereur d'Autriche Joseph II le partage de l'Empire ottoman, et ce dernier était prêt à laisser dans ce cas l'Égypte à la France.

Vergennes, tout occupé de la guerre d'Amérique et ses conséquences financières ne donne pas suite à ces suggestions. Le ministre, qui a été ambassadeur à Constantinople, continue

15. Cité par F. Charles-Roux, *op. cit.*, p. 64.
16. Cité par Léonce Pingaud, *Choiseul-Gouffier, la France en Orient sous Louis XVI*, Paris, Alphonse Picard, 1887, p. 110.

à croire que le maintien de l'alliance s'impose pour préserver l'équilibre européen, menacé par l'expansion de la Russie de Catherine II ; l'influence de la France peut contribuer à la diffusion des Lumières dans le monde ottoman et participer à sa régénération.

Dans le même temps, les récits de voyage en Égypte connaissent de réels succès. En 1785-1786, Savary fait paraître les *Lettres sur l'Égypte*[17],et Volney publie en 1787 son *Voyage en Syrie et en Égypte,* suivi, l'année suivante, des *Considérations sur la guerre actuelle des Turcs*[18]. L'auteur dresse un vaste tableau de l'Égypte, et dans le second de ces ouvrages, présente une synthèse des justifications les plus fréquentes à une prise de possession de ce pays :

> Le cas arrivant, a-t-on dit ou a-t-on dû dire, que l'empereur ou l'impératrice se partagent la Turquie d'Europe, un seul objet peut indemniser la France, un seul objet est digne de son ambition, la possession de l'Égypte : sous quelque rapport qu'on envisage ce pays, nul autre ne peut entrer avec lui en parallèle d'avantages.

Son sol est riche,

> Elle réunit toutes les productions de l'Europe et de l'Asie, le blé, le riz, le coton, le lin, l'indigo, le sucre, le safranon[19], etc. et avec elle seule nous pourrions perdre impunément toutes nos colonies... Par l'Égypte nous toucherons à l'Inde, nous en dériverons tout le commerce dans la mer Rouge, nous rétablirons l'ancienne circulation par Suez et nous ferons déserter la route du cap de Bonne-Espérance. Par les caravanes d'Abyssinie, nous attirerons à nous toutes les richesses de l'Afrique intérieure, la poudre d'or, les dents d'éléphant, les gommes, les esclaves ; les esclaves seuls feront un article immense : car tandis qu'à la côte de Guinée ils nous coûtent 800 livres la tête, nous ne les paierons au Caire que 150 livres, et nous en rassasierons nos îles. En favorisant le pèle-

---

17. Claude-Etienne Savary, *Lettres sur l'Égypte,* Bruxelles, Flon, 1785-1786, 3 tomes.
18. Volney, *op. cit.*
19. Ou carthame, plante annuelle, déjà connue en Égypte ancienne, en Grèce et à Rome. Les graines renferment une huile qui peut être rendue comestible par raffinage. La carthamine ou « rouge végétal » est un colorant d'un rouge sombre.

> rinage de la Mecque, nous jouirons de tout le commerce de la Barbarie jusqu'au Sénégal, et notre colonie ou la France elle-même deviendra l'entrepôt de l'Europe et de l'univers[20].

Mais une entreprise coloniale ne serait pas sans danger, et pourrait conduire aux solutions les plus radicales. Les Français devront soutenir au moins trois guerres, l'une contre les Turcs, une autre contre les Anglais, et la plus dangereuse de toutes contre les « naturels de l'Égypte » :

> Celle-là, quoiqu'en apparence la moins redoutable, *serait en effet la plus dangereuse.* L'on ne compte de gens de guerre que six ou huit mille Mamlouks ; mais si des Francs, si des ennemis de Dieu et du Prophète osaient y débarquer, Turks, Arabes, paysans, tout s'armerait contre eux ; *le fanatisme tiendrait lieu* d'art et de courage, et le fanatisme est toujours un ennemi dangereux ; il règne encore dans toute sa ferveur en Égypte ; le nom des Francs y est en horreur, et ils ne s'y établiraient que *par la dépopulation*[21].

Et Volney de conclure prudemment : les colonies ne sont pas indispensables pour nous procurer les denrées de l'Amérique ou de l'Asie[22]. Le récit de son voyage en Orient connaîtra le plus grand succès, ses mises en garde seront à l'évidence ignorées.

En Égypte cependant, la situation des commerçants français n'a cessé de se dégrader depuis les années 1770. Ils en viennent à attendre une intervention du sultan, voire directement de la France, pour forcer les Mamlouks à respecter les Capitulations. Cependant, après le retrait des Ottomans en 1786, les émirs Mourad et Ibrahim se disputent le pouvoir, et multiplient les exactions et les avanies dont ils sont victimes. Ils s'inquiètent encore de la pénétration des Anglais en Égypte. Enfin la révolution désorganise le régime des Échelles du Levant ; en 1791, l'Assemblée législative supprime tant le monopole de Marseille (21 juillet) que les chambres de commerce elles-mêmes (27 septembre).

20. Volney, *Œuvres*, « Considérations... », p. 707-708.
21. *Ibid.*, p. 708.
22. *Ibid.*, p. 714.

L'un de ces commerçants, Magallon, établi de longue date dans le pays, qui n'a cessé d'attirer l'attention sur la situation critique des résidents français en Égypte, est nommé le 30 juin 1793 consul de la République française au Caire. Il est servi par la guerre avec l'Angleterre, qui ramène l'attention vers l'Inde, mais, dans le contexte général en Europe, la République semble vouloir redonner vie, en vain, à l'alliance ottomane, qui pourrait avoir pour avantage d'opérer une diversion sur les arrières de l'Autriche. Certains préconisent cependant, en cas de dissolution de l'Empire turc, l'occupation de Rhodes, qui permettrait de contrôler la route de Suez, voire de Candie, de Chypre ou de la Morée, pour garder la maîtrise du commerce du Levant.

Devant la dégradation de la situation en Égypte, les marchands réclament « à la République française de venir au plus tôt au secours des citoyens opprimés en Égypte en leur accordant une protection digne de sa gloire et de sa puissance[23]. » Magallon cherche à orienter les gouvernements successifs, de la Convention finissante au Directoire, vers la perspective d'une conquête.

Talleyrand devient ministre des Relations extérieures du Directoire le 28 messidor de l'an V (16 Juillet 1797), peu de jours après sa lecture à l'Institut national de son *Essai sur les avantages à retirer de colonies nouvelles.* Il s'exprime, trois mois avant la paix avec l'Autriche, dans le contexte d'une confrontation coloniale de tous les instants avec l'Angleterre, et souligne explicitement l'intérêt déjà ancien que la France porte à l'Égypte : « tout presse de s'occuper de nouvelles colonies[24] », conclut-il son *Essai.*

Au Ministère, il s'efforce de faire aboutir ce projet. Il rejoint ainsi Bonaparte, qui, très jeune, a été attiré vers l'Orient, a lu l'*Histoire des Arabes* de l'abbé de Marigny, le baron de Tott[25],

---

23. Rapport au Comité de commerce et d'approvisionnement et à la Commission des Affaires extérieures de la Convention le 29 brumaire an III (19 novembre 1794). Cité par Charles-Roux, *op. cit.*, p. 264.
24. Talleyrand, *op. cit.*, p. 15-16.
25. Le jeune Bonaparte a laissé des notes manuscrites sur ces ouvrages, publiées dans Frédéric Masson et Bruno Biagi, *Napoléon, Manuscrits inédits, 1786-1791*, Paris, Société d'Éditions littéraires et artistiques, 1907, 581 p.

Savary et Volney. Commandant de l'armée d'Italie, il estime, après la conquête des Îles Ioniennes pendant l'été 1797, que la possession de l'Égypte est nécessaire pour toute entreprise en Méditerranée orientale et pour détruire la suprématie anglaise aux Indes. Bonaparte écrit au Directoire le 29 thermidor an V (16 août 1797) :

> Les temps ne sont pas éloignés où nous sentirons que, pour détruire véritablement l'Angleterre, il faut nous emparer de l'Égypte. Le vaste empire ottoman, qui périt tous les jours, nous met dans l'obligation de penser de bonne heure à prendre des moyens de conserver notre commerce du Levant[26].

Le même jour, il écrit à Talleyrand :

> C'est en vain que nous voudrions soutenir l'empire de Turquie ; nous verrons sa chute de nos jours... Le fanatisme de la liberté, qui déjà commence à aborder en Grèce, y sera plus puissant que le fanatisme religieux. Le grand peuple y trouvera plus d'amis que le Russe[27].

Nous sommes ici, pendant l'été 1797, au moment où s'élabore le terme de « Grande Nation », qui trouve, d'après Henry Laurens, ses origines principalement chez les Ottomans, qui peinent à trouver une formule protocolaire pour désigner la République française[28]. Il devient après le coup d'État de Fructidor, dont l'un des enjeux était la politique des conquêtes, et après la paix avec l'Autriche, le symbole du renouveau républicain, porteur de la liberté des peuples et un thème permanent des proclamations du gouvernement directorial. Il existe dans l'Empire ottoman un Tiers-État prêt à la révolte contre le pouvoir despotique du sultan : il est composé des peuples, les Grecs et les Slaves des Balkans, les Arméniens, les

---

26. Cité par Clément de la Jonquière, *L'expédition d'Égypte (1798-1801)*, Paris, Éditions Historiques Teissèdre, 2003, t. I, p. 29. L'édition originale de l'ouvrage est de 1899-1907.
27. *Id.*
28. Henry Laurens, « Bonaparte, l'Orient et la Grande Nation » *Annales Historiques de la Révolution française*, n° 273, 1988, p. 289-301.

Arabes, qui n'aspirent qu'à renouer avec un brillant passé et retrouver leur liberté[29].

Talleyrand répond à Bonaparte le 2 vendémiaire an VI (23 septembre 1797) : il semble envisager une conquête en Égypte et une nouvelle colonisation, mais en quelque sorte à titre conservatoire, dans l'intérêt des Turcs, pour la soustraire aux convoitises russes ou anglaises. Il ne fait que reprendre une argumentation apparue avant 1789, qui témoigne des embarras de la politique française en Orient :

> Quant à l'Égypte, vos idées à cet égard sont grandes, et l'utilité doit en être sentie… Si l'on en faisait la conquête, ce devrait être, pour la Porte, pour déjouer les intrigues russes et anglaises qui se renouvellent si souvent dans ce malheureux pays. Un si grand service rendu aux Turcs les engagerait aisément à nous y laisser toute la prépondérance et tous les avantages commerciaux dont nous avons besoin. L'Égypte, comme colonie, remplacerait bientôt les produits des Antilles, et, comme chemin, nous donnerait le commerce de l'Inde[30].

Car la paix de Campo-Formio, le 26 vendémiaire an VI (18 octobre 1797) ne laisse à la France qu'un seul ennemi, l'Angleterre. La guerre cesse d'être continentale et ne peut continuer que par un débarquement dans les Îles britanniques, ou une action en direction des Indes.

Tandis qu'une flotte se prépare, de l'Adriatique à la mer du Nord, et qu'une armée d'Angleterre se réunit sur les côtes qui lui font face, un rapport établi par le capitaine du génie Lazowski (15 nivôse an VI-4 janvier 1798), de retour d'une mission en Turquie, presse encore la France d'abandonner une alliance ottomane sans avenir, et d'exiger l'Égypte à titre

29. Henry Laurens, « La Révolution française et l'Islam : un essai de perspective historique », *in* Michel Vovelle, *L'image de la Révolution française,* Paris, Oxford, 1989, vol. II, p. 888.
30. Cité par C. de la Jonquière, *op. cité,* « Talleyrand au Général en chef Bonaparte (6 vendémiaire an VI [23 septembre 1797]) », t. I, p. 36-37. L'argumentation était celle du baron de Tott, dans un mémoire remis au ministre des Affaires étrangères à l'issue de sa mission secrète en Égypte entreprise en 1777 ; elle est reprise par le duc de Lauzun, dans un mémoire remis en 1787.

de compensation[31]. Talleyrand commande à Magallon, alors présent à Paris, un mémoire[32], dont il s'inspire largement pour remettre un *Rapport au Directoire exécutif*, daté du 21 pluviôse an VI (9 février 1798)[33].

Après une rapide présentation de l'histoire de l'Égypte et des dernières vicissitudes du pouvoir ottoman dans le pays, le rapport évoque les exactions et les humiliations dont sont victimes les nationaux français et leurs représentants de la part des beys mamlouks et la tyrannie qu'ils exercent sur la population du pays. En intervenant pour défendre leurs propres intérêts et venger les outrages qu'ils ont subis, les Français ne seront rien moins que des libérateurs : « Ce peuple [les Egyptiens] abhorre ses tyrans ; mais il n'a pas assez d'énergie pour en secouer le joug : il bénira les Français qui l'en délivreront[34]. »

Le tableau des richesses et des avantages géographiques de la situation-charnière de l'Égypte entre la Méditerranée, l'Orient et l'Afrique sont largement repris de Volney. Une intervention de la Grande Nation apporterait à chacun la prospérité générale :

> On ne peut, en effet, calculer les avantages immenses que la *Grande Nation* retirerait de cette contrée. En assurant la propriété du cultivateur, la population deviendrait plus nombreuse, et les productions du sol et de l'industrie bien plus abondantes. Tous les négociants, certains de n'être point troublés dans le développement de leur industrie et de jouir en paix et avec sécurité du fruit de leurs spéculations ou de leurs travaux, s'empresseraient de s'établir sur cette terre que la nature a tant favorisée. Le commerce de l'Inde quitterait infailliblement la route longue et dispendieuse du cap de Bonne-Espérance, pour suivre celle de Suez.

31. F. Charles-Roux, *op. cit.*, p. 314.
32. À propos des différents rapports envoyés par Magallon aux commissaires aux Relations extérieures Verninac (29 prairial an III, 17 juin 1795) puis Colchen (9 vendémiaire an IV, 1er octobre 1795), voir F. Charles-Roux, *op. cit.*, p. 271-286. Le mémoire remis à Talleyrand le 21 pluviôse de l'an VI (9 février 1798) a été publié dans la *Revue d'Égypte,* Le Caire, septembre 1896 ; voir encore F. Charles-Roux, *op. cit.*, p. 323-326.
33. Le rapport est intégralement reproduit dans : C. de la Jonquière, *op. cit.*, t. I, p. 154-168.
34. *Ibid.*, p. 157.

> Les douanes qui seraient établies aux entrées de l'Égypte et les impositions territoriales rendraient annuellement à la République des sommes considérables, indépendamment de celles bien plus fortes qu'on retirerait des habitants par la vente des terres ; car nul n'est propriétaire en Égypte. Les terres y appartiennent au gouvernement[35].

L'Angleterre serait touchée au cœur, par la ruine de son commerce en Inde, et enfin, la possession de l'Égypte suffirait amplement à dédommager la France de la perte à plus ou moins long terme de ses colonies d'Amérique.

Enfin, en cas d'intervention, Talleyrand ne croit pas à une guerre des Ottomans contre la France, et estime que les puissances continentales européennes laisseront faire. Les Mamlouks seront facilement battus, d'autant que les habitants du pays se retourneront contre eux, si d'aventure des armes leur étaient distribuées… Aussi une armée de 12 à 25 000 hommes suffirait-elle, selon que l'Égypte serait conservée ou non par la République. 35 000 Français seraient nécessaires si des troupes, parties de Suez, se joignaient à Tippoo-Saïb pour chasser les Anglais de l'Inde…

Ainsi, la conquête de l'Égypte serait-elle « facile et même infaillible[36]. »

À la fin de février 1798, devant le pessimisme des militaires, le Directoire abandonne l'idée d'un débarquement en Angleterre. Le projet de conquête de l'Égypte, qui paraît comporter peu de risques et permet aussi d'éloigner Bonaparte, est alors retenu le 5 mars 1798[37].

« Jamais peut-être, écrit Henry Laurens, mémoire écrit par un grand diplomate et politique réputé ne s'est trouvé aussi démenti par les événements qui l'ont suivi[38]. » Très vite, Talleyrand, devant l'évolution de la situation, s'est défendu d'en être à l'origine. Les

---

35. *Ibid.*, p. 159.
36. *Ibid.*, p. 167.
37. Synthèse des projets méditerranéens de la période 1798-1802 dans Bernard Gainot, *L'Empire colonial de Richelieu à Napoléon*, Armand Colin, 2015, p. 161-164.
38. Henry Laurens, *L'expédition d'Égypte, 1798-1801*, Paris, Armand Colin, p. 29.

promoteurs de l'expédition n'ont pas suivi les avertissements prémonitoires de Volney, et, tout à leurs victoires sur le continent européen ont à l'évidence sous-estimé l'état de la marine à l'issue de la décennie révolutionnaire, la prise de conscience renouvelée par les Anglais de l'importance de la Méditerranée orientale et de la mer Rouge pour leur domination de l'Inde, le refus prévisible du pouvoir ottoman, quelque soit son affaiblissement, de confier aux Français la domination de l'Égypte. Le sultan représente la loi islamique qui protège les droits élémentaires de l'homme, la propriété, la sûreté et la résistance à l'oppression ; aussi la population se montre-t-elle ambivalente, et souvent hostile, face aux velléités libératrices des nouveaux conquérants, malgré quelques réformes et le rétablissement de l'ordre dans les campagnes, au moins momentanément. Enfin, si l'expédition est à l'origine d'un travail de connaissance scientifique remarquable, avec une monumentale *Description de l'Égypte*, elle n'a guère eu le loisir de mettre en œuvre, malgré les efforts tardifs de quelques « colonistes », autour du général Menou, l'entreprise de colonisation alternative à celle du Nouveau Monde. La lassitude d'une armée divisée et coupée de ses bases explique aussi la défaite de 1801. Et longtemps après les événements, alors que les regards se tournent vers Alger et l'Afrique, Talleyrand évoque dans ses *Mémoires* la nostalgie d'une grande politique méditerranéenne de la France :

> Si, au lieu de sacrifier tout ce qui restait de la belle armée d'Égypte, au vain espoir de reconquérir Saint-Domingue, on eût dirigé contre les États barbaresques cette force imposante et déjà acclimatée, il est probable (...) que la France, au lieu d'avoir détruit en peu de mois une belle armée à Saint-Domingue, se serait solidement établie sur la côte africaine de la Méditerranée[39]...

Avortée, l'expédition d'Égypte porte en germe la conquête de l'Algérie.

39. *Mémoires et correspondances du prince de Talleyrand*, Édition intégrale présentée par Emmanuel de Waresquiel, Paris, Robert Laffont, 2007, p. 165.

Faire des conquêtes pour l'amour de l'humanité. Circulation des idées sur la « colonisation nouvelle » au XVIIIe siècle

Alessandro Tuccillo

Qu'est-ce que la « colonisation nouvelle » au XVIIIe siècle ? Pour répondre à cette question il faut se tourner vers les milieux philosophiques qui avaient élaboré une critique de la traite et de l'esclavage des Noirs[1]. Dès les années 1770, en France ces positions antiesclavagistes s'orientèrent vers la proposition d'une abolition graduelle de l'esclavage qui passait par l'abolition de la traite atlantique. Ce programme ne peut pas être qualifié d'anticolonialiste, puisque non seulement il ne contesta pas le droit des Européens de coloniser, mais il envisagea d'établir des nouvelles formes de colonisation sur la base de principes nouveaux.

Au XVIIIe siècle la mise en discussion de la légitimité de la colonisation est en effet minoritaire, bien qu'elle soit attestée dans des ouvrages de référence de premier plan. C'est le cas de l'article « Population » de l'*Encyclopédie* (1765) signé par Étienne Damilaville :

> Si le pays dont on veut s'emparer est peuplé, il appartient à ceux qui l'occupent. Pourquoi les en dépouiller ? Quel droit avoient les Espagnols d'exterminer les habitans d'une si grande partie de la terre ? Quel est celui que nous avons d'aller chasser des nations de l'espace qu'elles occupent sur ce globe dont la jouissance leur est

1. Voir Jean Ehrard, *Lumières et esclavage. L'esclavage colonial et l'opinion publique en France au XVIIIe siècle*, Bruxelles, Versailles, 2008.

commune avec nous ? La possession dans laquelle elles sont n'est-elle pas le premier droit de propriété et le plus incontestable ?[2]

Les arguments démographiques sont à l'appui de ce principe. Damilaville se propose de démontrer que la colonisation, intrinsèquement violente, avait des conséquences négatives et pour les peuples conquis et pour les États colonisateurs. Le discours cible surtout l'expérience espagnole de la première époque moderne :

> L'énorme puissance de Charles-Quint eut encore des effets plus funestes à l'humanité [...], puisqu'il fit de ce nouveau monde un désert. Tandis qu'il conquéroit tant de nations au loin, qu'on les exterminoit par des cruautés dont le récit saisit d'horreur, la sienne se dépeuploit, ses provinces se soulevoient, et le démembrement de son empire se préparoit. L'Espagne s'épuisa d'hommes ensuite, pour repeupler l'Amérique et les Indes qui ne le seront jamais, et qu'elle avoit dévastées[3].

Si les Européens n'avaient pas le droit de coloniser, ils pouvaient encore moins employer des esclaves (indigènes ou importés de l'Afrique) afin d'exploiter les colonies. Pour les thèmes traités, cet article de Damilaville est parmi ceux de l'*Encyclopédie* (notamment « Esclavage » et « Traite des Nègres » du chevalier de Jaucourt) qui furent constitutifs du *corpus* des idées du mouvement abolitionniste. Néanmoins, bien que la critique de la colonisation ibérique, modèle négatif par excellence, soit partagée par les abolitionnistes, dans leurs écrits elle ne débouche pas sur un discours anticolonialiste tout-court. Au contraire, il fallait définir un nouveau système colonial qui devait s'éloigner tant de la *leyenda negra* de l'expansion ibérique que de la persistance de l'esclavage et d'autres formes de dominations dans les colonies britanniques, françaises, hollandaises

---

2. Étienne Damilaville, « Population (Phys. Polit. Morale) », dans *Encyclopédie, ou Dictionnaire raisonné des sciences, des arts et des métiers, par une société de gens de lettres, mis en ordre et publié par Mr. ****, Neufchastel, Samuel Faulche, tome XIII, 1765, p. 88-103 : p. 99.
3. Ivi, p. 95. Les passages de cet article consacrés à la colonisation avaient attiré l'attention d'Yves Benot dans *La Révolution française et la fin des colonies 1789-1794*, postface inédite, Paris, La Découverte, 2004 (1ère éd. 1987), p. 21-42.

et des pays nord-européens. L'établissement de ce nouveau système trouvait son lieu d'élection en Afrique. C'était le fond du projet politique de la "colonisation nouvelle" qui était donc strictement liée à la bataille pour l'abolition de la traite et de l'esclavage des Noirs.

Les débats et les idées traversèrent les empires, mais aussi les pays qui n'étaient pas directement impliqués dans la gestion des colonies. Il serait impossible ici de rendre compte de l'ensemble des textes publiés ou manuscrits, des projets politiques élaborés à l'intérieur et à l'extérieur des institutions centrales et coloniales, et des initiatives de mobilisation qui concernèrent les plans d'établissement de colonies nouvelles en Afrique. L'objectif sera plutôt de réfléchir sur les caractères et les enjeux de la "colonisation nouvelle" à travers la circulation des idées. Notre perspective sera focalisée sur le noyau français, mais nous essayerons de montrer que la question devint l'un des éléments de la *communis opinio* transnationale antiesclavagiste.

La littérature fut un moyen important pour la diffusion des idées critiques sur l'esclavage colonial[4]. Le conte *Ziméo* de Jean-François de Saint-Lambert, publié en 1769 en annexe au poème des *Saisons*[5], en est un exemple évident. La trame se déroule autour du protagoniste Ziméo. Noir originaire du Benin, il est capturé en Afrique par les Portugais, vendu et employé comme esclave dans une plantation à la Jamaïque. Sa rébellion contre l'esclavage est radicale : il devient chef d'une communauté de marrons. Le lecteur est guidé dans la fiction du conte par le narrateur George Filmer qui, dans les dernières pages, formule des réflexions sur l'esclavage des Noirs. Ces réflexions critiquent le système d'exploitation coloniale esclavagiste fondé sur des préjugés négatifs à l'encontre des Noirs. Elles proposent de sortir de ce système par la réforme de la gestion des colonies

4. Voir *Littérature et esclavage. XVIIIe-XIXe siècles*, sous la direction de Sarga Moussa, avant-propos de Jean Ehrard, Paris, Desjonquères, 2010 ; Rachel Danon, *Les voix du marronnage dans la littérature française du XVIIIe siècle*, préface d'Yves Citton, Paris, Classiques Garnier, 2015.

5. [Jean-François de Saint-Lambert], *Les saisons. Poëme*, Amsterdam, 1769, le conte *Ziméo* est aux pages 226-259.

existantes, et à travers la fondation de colonies nouvelles. Ces colonies devaient se distinguer nettement de l'esprit mercantile et barbare jusqu'alors caractéristique de l'entreprise coloniale. Elles devaient être l'instrument pour ne plus permettre à l'Europe d'augmenter ces richesses par le pillage du continent américain ainsi que par la réduction en esclavage des *Indios* et des Africains. C'était le terrible processus historique qui déjà en 1748, dans le livre XV de *L'Esprit des lois*, Montesquieu avait très efficacement résumé par la formule ironique suivante : « Les peuples d'Europe ayant exterminé ceux de l'Amérique, ils ont dû mettre en esclavage ceux de l'Afrique, pour s'en servir à défricher tant de terres »[6].

D'après Filmer, il fallait envoyer des missionnaires inspirés par l'idéal de la propagation des Lumières, des découvertes scientifiques et technologiques du XVIIIe siècle. À ses yeux, le modèle de la société civile européenne pouvait être transféré et installé aussi bien dans des territoires peuplés par des gens qui apparaissaient comme barbares, voire sauvages. Ainsi, les Européens auraient pu enlever les « circonstances » historiques (non naturelles) qui « ont décidé de la supériorité des blancs sur les nègres »[7] :

> [...] les grands peuples chez les nègres sont à-peu-près ce que nous avons été depuis le neuvième jusqu'au quatorzième siècle. Les mêmes opinions absurdes, les épreuves, les sortilèges, les droits féodaux, des lois atroces, des arts grossiers étaient alors chez nos ancêtres, et sont aujourd'hui chez les Africains[8].

Cette « colonisation nouvelle » deviendrait le moyen de la propagation du bien-être au lieu de perpétrer l'enrichissement d'une zone de la planète au détriment d'une autre :

> Portons leurs nos découvertes et nos lumières ; dans quelques siècles ils y ajouteront peut-être, et le genre humain y aura gagné.

6. Montesquieu, *L'Esprit des lois* (1748), édition de Robert Derathé, bibliographie mise à jour et index par Denis de Casablanca, Paris, Garnier, 2011, 2 tomes, I, livre XV, ch. 5, p. 265.
7. *Ziméo*, cit., p. 256-257.
8. Ivi, p. 258.

> N'y aura-t-il jamais quelqu'un qui fonde des colonies avec des intentions si généreuses ? N'enverrons-nous jamais des apôtres de la raison et des arts ? Serons-nous toujours conduits par un esprit mercantile et barbare, par une avarice insensée qui désole les deux parties du globe, pour donner au reste quelques superfluités ?[9]

La rentabilité de cette nouvelle forme de colonisation pour les Européens eux-mêmes n'est pas développée dans *Ziméo*. Néanmoins ces pages de Saint-Lambert permirent d'aborder la grande question de la conciliation entre les raisons de la morale et de l'économie à propos de l'abolition de la traite et de l'esclavage des Noirs. C'est ce qui montre la circulation du conte, en France et à l'étranger. À l'occasion de la publication de la troisième édition de 1771 du poème des *Saisons*, de larges extraits de *Ziméo* sont en effet publiés dans le tome sixième des *Ephémérides du citoyen*, le journal de référence pour les physiocrates. Ces extraits, parmi lesquels nous retrouvons le passage que nous venons de citer, sont une sorte d'avant-propos pour l'analyse économique du travail des esclaves de Dupont de Nemours. Voici comment il présente *Ziméo* : « ce conte qui montre combien l'esclavage des Nègres est odieux et détestable en lui-même, nous offre l'occasion de développer un calcul par lequel nous nous flattons de prouver qu'il est en outre un crime inutile et onéreux pour nous »[10].

C'est donc à la suite des pages émouvantes du conte de Saint-Lambert que Dupont de Nemours formule ses célèbres calculs sur le travail des esclaves. Selon ses estimations, pour maintenir un esclave dans les plantations il fallait 420 livres par an, alors que le salaire annuel d'un travailleur libre ne dépassait pas les 30 livres. En outre, la différence de rendement entre le travail d'un esclave et le travail d'un travailleur libre s'exprimait dans un rapport d'1 à 2. Enfin, il valait mieux faire cultiver les plantations par des travailleurs libres. L'emploi d'esclaves n'était pas rentable : c'était la contribution principale de la

9 *Ibidem*.

10. *Éphémérides du citoyen, ou Bibliothèque raisonnée des sciences morales et politiques*, t. VI, 1771, p. 179.

pensée physiocratique au débat sur l'esclavage[11]. Non seulement l'humanité, le droit naturel, la morale ou la religion, mais aussi l'économie exigeait la remise en discussion de l'exploitation coloniale fondée sur l'esclavage. Bien entendu, en réalité les calculs de Dupont de Nemours ne sont pas une évidence technique, mais découlent d'un dispositif moral contraire à l'esclavage. Toutefois ils rendirent douteux la thèse, répandue parmi les esclavagistes, qui considérait le recours à l'esclavage comme indispensable pour l'économie coloniale. Cette réfutation construite sur la base de calculs définira les termes du débat tout au long du XIXe siècle[12].

La question de la rentabilité du travail des esclaves par rapport aux hommes libres avait été déjà soulevée auparavant. David Hume avait formulé des analyses dans ce sens[13]. Mais, à cet égard, ce sont les pages des *Éphémérides du citoyen* écrites par Nicolas Baudeau en 1766 qui sont du plus grand intérêt : elles associent la critique de l'esclavage et de sa rentabilité au projet d'établir des colonies nouvelles. Baudeau envisage une expérience de colonisation qu'auraient pu mettre en place les trois couronnes Bourbon liées dans le pacte de famille : Paris, Madrid et Naples. Il imagine une « Compagnie tripartite », c'est-à-dire des trois pays impliqués, qui aurait exploité par des systèmes alternatifs la colonie de la Louisiane en Amérique septentrionale. Outre des colons européens, la nouvelle colonie accueillerait les indigènes et les Africains. Le point de départ critique était toujours la colonisation espagnole. La démarche du passé, destructrice des peuples et des territoires, devait être abandonnée : « L'objet le plus important, peut-être, au succès d'une si belle Colonie, serait de civiliser les Naturels le plus parfaitement qu'il serait possible, et de les incorporer

11. Pour un regard d'ensemble sur la contribution des physiocrates au débat sur l'esclavage colonial voir Pernille Røge, « The Question of Slavery in Physiocratic Political Economy », dans *Governare il mondo. L'economia come linguaggio della politica nell'Europa del Settecento*, a cura di Manuela Albertone, Milano, Feltrinelli, 2009, p. 149-169.

12. Voir Caroline Oudin-Bastide – Philippe Steiner, *Calcul et Morale. Coûts de l'esclavage et valeur de l'émancipation (XVIIIe-XIXe siècle)*, Paris, Michel, 2015.

13. Voir Silvia Sebastiani, *The Scottish Enlightenment. Race, Gender, and the Limits of Progress*, New York, Palgrave Macmillan, 2013 (Ière éd. it 2008).

aux Nations d'Europe qu'on y transportera[14]. » Baudeau se fait porteur d'un discours analogue vers les Africains et les Asiatiques qui seraient importés en Louisiane, puisqu'il considère hors de question de perpétrer un « système si funeste à l'humanité, si contraire au Christianisme et aux Mœurs de notre Europe »[15]. Baudeau se montre très prudent, il ne condamne pas l'usage des esclaves dans les îles de la Caraïbe. Il est pourtant très clair quant à l'éventualité de l'emploi des esclaves en Louisiane : « pour une Colonie nouvelle, la voix de l'humanité crie du fonds de notre cœur, qu'il serait affreux d'y établir l'esclavage[16]. » Les Asiatiques et les Africains transportés en Louisiane seraient intégrés non comme esclaves mais comme hommes libres ; ces hommes seraient soustraits aux despotismes de leurs propres pays d'origine :

> Nous proposons donc à la Compagnie tripartite d'acheter dans l'Afrique et dans l'Asie, chaque année, des esclaves de l'un et de l'autre sexe, non pour les retenir dans les fers [...], mais pour les transformer en hommes libres, en cultivateurs industrieux, en vrais citoyens de la Louisiane[17].

En 1766 Baudeau pense clairement à un projet civilisateur, et bien qu'il ne formule pas de calculs comme Dupont de Nemours il lie les avantages moraux du nouveau système colonial à des avantages économiques pour les Européens : « Ce Commerce honorable est peut-être le plus profitable à faire en ce moment pour la Compagnie Tripartite[18]. »

Le projet de « colonisation nouvelle » naît donc dans un contexte de réflexions critiques sur l'esclavage colonial. L'élément ultérieur qui caractérisa les débats s'imposa quand ce projet commença à entrevoir également la perspective d'un changement géopolitique de l'expansionnisme européen : le passage de la production coloniale de l'Amérique à l'Afrique. Dans ce changement les abolitionnistes voyaient la possibilité de

14. *Éphémérides du citoyen, ou Chronique de l'esprit national*, t. V, 1766, p. 63.
15. *Ivi*, p. 66.
16. *Ibidem*.
17. *Ivi*, p. 67-68.
18. *Ibidem*.

mettre fin à la traite, d'employer « sur place » les Noirs comme travailleurs libres pour les cultures proprement coloniales. Par cela, les Européens n'auraient pas perdu les avantages tirés des colonies tout en propageant les bienfaits de la civilisation.

Une source très importante pour saisir ce discours novateur est sans doute l'*Histoire générale de l'Asie, de l'Afrique et de l'Amérique* de l'abbé Roubaud, publiée en 15 volumes entre le 1770 et le 1775. Roubaud avait déjà abordé ces thèmes avant sa « conversion » à la physiocratie à l'occasion de deux compte rendus écrits pour le *Journal de commerce* en 1759[19]. Les ouvrages commentés étaient l'*Importance of the African Expedition Considered* de Malachy Postletwayt et un texte anonyme sur le commerce anglais en Afrique. Les deux textes portaient sur les établissements britanniques en Afrique ; Postletwayt conseillait au gouvernement britannique de s'y engager dans une perspective anti-française. Dans ces articles Roubaud reprend des réflexions sur les potentialités économiques et humaines de l'Afrique présentes dans l'*Ami des hommes* (1756) de Mirabeau[20]. Mais c'est dans l'*Histoire générale* que sa position antiesclavagiste s'inscrit pleinement dans une option qui voudrait une réorientation géopolitique et idéologique de la politique coloniale en faveur de l'Afrique : « Vous pourriez trouver avec les plus grands avantages dans l'Afrique, seule conservée et cultivée, tout ce que vous tirez de l'Afrique et de l'Amérique ensemble, en faisant le bien de tous, ainsi que le vôtre »[21].

Le gouvernement français ne considéra pas comme une option praticable ce changement de la politique coloniale en faveur de l'Afrique. L'idée de remplacer les colonies à sucre antillaises par de nouvelles entreprises africaines sera envisagée dès la période révolutionnaire, notamment avec la montée de

19. *Journal de commerce*, mai 1759, p. 63-100.
20. Voir Pernille Røge, « L'économie politique en France et les origines intellectuelles de la "mission civilisatrice" en Afrique », dans *Dix-huitième siècle*, 44, 2012, p. 117-130.
21. Pierre Joseph André Roubaud, *Histoire générale de l'Asie, de l'Afrique et de l'Amérique*, t. XII, Paris, Des Ventes de la Doué, 1775, 1770, p. 206-207.

Talleyrand au ministère des Affaires étrangères[22]. Néanmoins, l'*Histoire générale* fut un texte très important pour la circulation du projet de la « colonisation nouvelle » dans les milieux antiesclavagistes et abolitionnistes. Il est en effet une source fondamentale de Diderot pour l'écriture de ses contributions au livre XI de l'*Histoire des deux Indes*[23]. Dans ces pages de référence pour le débat sur la colonisation et sur l'esclavage au moins jusqu'à la fin du siècle[24], la colonisation de l'Afrique ne manque pas d'apparaître comme l'alternative possible aux modalités d'exploitation des colonies américaines. Les arguments de Roubaud sont repris par Diderot en ces termes :

> Il n'est pas nécessaire de faire le sacrifice de productions que l'habitude nous a rendues si chères. Vous pourriez les tirer de l'Afrique même. Les plus importantes y croissent naturellement, et il serait facile d'y naturaliser les autres [...]. Il ne serait pas même peut-être impossible d'obtenir ces productions de vos colonies, sans les peupler d'esclaves. Ces denrées pourraient être cueillies par des mains libres, et dès-lors consommées sans remords[25].

L'*Histoire des deux Indes* fut l'un des best-sellers de la fin du XVIIIe siècle. Il fut un formidable vecteur d'informations sur la réalité coloniale et des positions critiques sur les formes d'exploitation des colonies bien au-delà des frontières françaises[26]. Dans cette circulation d'idées, la nécessité de mettre

---

22. Voir Pernille Røge, « "La clef de commerce". The Changing Role of Africa in France's Atlantic Empire ca. 1760–1797 », dans *History of European Ideas*, 34, 2008, p. 431-443.
23. Voir Ann Thomson, « Diderot, Roubaud et l'esclavage », dans *Recherches sur Diderot et sur l'Encyclopédie*, 35, 2003, p. 69-93.
24. Voir Jean Ehrard, *Lumières et esclavage*, cit., p. 185-206 ; *Guillaume Thomas Raynal: les colonies, l'esclavage et la Révolution française*, sous la direction de Marcel Dorigny, Paris, Publication de la Société française d'histoire d'outre-mers – Association pour l'étude de la colonisation européenne, 2015.
25. *Histoire philosophique et politique des établissemens et du commerce des Européens dans les deux Indes par par Guillaume-Thomas Raynal*, Genève, Jean-Léonard Pellet, 1780, 4 tomes, III, livre XI, ch. 24, p. 201. Ce passage est attribuable à Diderot sur la base des manuscrits du *Fonds Vandeul* : Denis Diderot, *Mélanges et morceaux divers. Contributions à l'*Histoire des deux Indes, t. II, edizione a cura di Gianluigi Goggi, Siena, Università di Siena, 1977, p. 240.
26. Voir *Lectures de Raynal. L'Histoire des Deux Indes en Europe et en Amérique au XVIIIe siècle*, sous la direction de Hans-Jürgen Lüsebrink et Manfred Tietz,

fin à l'esclavage colonial par un système colonial alternatif en Afrique avait toujours sa place. D'autant plus que, si en France le débat devançait l'action politique, dès les années 1770 les projets d'établissements de nouvelles colonies en Afrique occidentale deviennent beaucoup plus concrets au niveau international. Le cas le plus célèbre est évidemment celui de la Sierra Leone, expérience sur laquelle s'investit beaucoup le mouvement abolitionniste britannique[27] et qui fut connue et discutée en France par le biais de figures comme les Suédois August Nordenskjöld et Carl Bernhard Wadstrøm[28].

Les projets d'élargissement des territoires d'exploration et d'établissements coloniaux concernent aussi des puissances de second ordre comme le Danemark qui comptait sur ses forteresses de Christiansborg et Fredensborg sur la côte de la Guinée. À cet égard il est significatif le *Reise nach Guinea und den Caribäischen Inseln in Columbien* (*Voyages en Guinée et dans les îles Caraïbes de l'Amérique*) de l'Allemand John Erdmann Isert qui fut publié pour la première fois à Copenhague en 1788. Ce livre eut beaucoup de traductions : danois (1789), hollandais (1780 et 1797), français (1793) et suédois (1795). Isert fut directement impliqué dans les expériences coloniales danoises en Afrique occidentale. Son livre est une sorte de roman de voyage épistolaire : en douze lettres il raconte à son père et un ami son voyage en Afrique et aux Antilles en qualité de médecin inspecteur pour les territoires coloniaux danois. La question de l'esclavage des Noirs est évidemment très importante et l'*Histoire des deux Indes* de Raynal est parmi ses sources de référence. Isert considère même superflu d'expliquer les raisons pour lesquelles il fallait abolir la traite et l'esclavage des Noirs :

SVEC, 286, Oxford, Voltaire Foundation, 1991.

27. Voir Seymour Drescher, *Capitalism and Antislavery. British Mobilization in Comparative Perspective*, New York-Oxford, Oxford University Press, 1987 ; Stephen J. Braidwood, *Black Poor and White Philanthropists. London's Blacks and the Sierra Leone Settlement. 1786-1791*, Liverpool, Liverpool University Press, 1994 ; Christopher Leslie Brown, *Moral Capital. Foundations of British Abolitionism*, Chapel Hill, University of North Carolina Press, 2006.
28. Voir l'article de Bernard Gainot aux pages 49-70.

> Mais à quoi sert-il que je joigne ici mes plaintes, aux remontrances de tant de célèbres philosophes, sur le trafic le plus injuste et le plus inhumain, sur les crimes les plus odieux, dont les Européens ne cessent de se rendre coupables, sur la dévastation de deux grandes parties du monde, l'une déjà effectuée, l'autre qui s'avance à grand pas ![29]

Face à l'évidence de l'injustice, la solution possible pour sortir de cette forme inadmissible d'exploitation du travail humain est la perspective d'une colonisation en Afrique :

> Mais comment nos devanciers n'ont-ils pas eu la sagesse de voir qu'on pouvait établir des plantations de toutes ces denrées dans l'Afrique même. C'est là que l'on aurait eu des ouvriers en abondance, et au plus bas prix possible sans maltraiter, ni faire aucun malheureux ! Mais la découverte et la soumission de l'Amérique flattait mieux la vanité[30].

Le texte d'Isert attire l'attention sur un aspect majeur de la circulation des idées sur l'esclavage colonial au XVIIIe siècle. Cette réflexion ne concerne pas seulement des puissances coloniales comme la France, le Royaume-Uni ou des pays esclavagistes comme les États-Unis, mais aussi des acteurs politiques marginaux dans l'entreprise coloniale comme le Danemark ou d'autres qui n'étaient pas du tout impliqués. C'est le cas des États italiens où les milieux philosophiques et, à la fin du siècle, les milieux révolutionnaires participent de plein droit au débat.

Matteo Galdi est l'une des figures les plus remarquables à ce propos. En 1789, âgé de 24 ans, il publie l'article *Del commercio dei Negri* (*Du commerce des Nègres*) dans le journal littéraire *Magazzino enciclopedico salernitano*. Étudiant en droit à l'université de Naples, appartenant à la dernière génération des réformateurs éclairés du Royaume de Naples qui pendant les années 1790 se radicaliseront – souvent à travers l'expérience

29. Je cite ici l'édition française : *Voyages en Guinée et dans les îles Caraïbes de l'Amérique, par Paul Erdman Isert, [...] tiré de sa correspondance avec ses amis. Traduit de l'allemand*, Paris, Maradan, 1793, p. 306.

30. Ivi, p. 307.

de l'exil – et adhéreront à la cause révolutionnaire[31], dans cet article Galdi réfute les positions esclavagistes de Linguet qu'il avait lu dans le tome quinze (1788) des *Annales politiques, civiles et littéraires du dix-huitième siècle*. Il s'agit de la critique la plus radicale et détaillée de l'esclavage coloniale élaborée dans le contexte culturel italien au XVIIIe siècle. La position antiesclavagiste de Galdi peut se résumer dans le syllogisme qu'il formule sans la moindre hésitation : « l'esclavage est contraire à la liberté : la liberté est le fondement de tout droit humain : l'esclavage est donc opposé à l'être de l'homme et destructeur de sa nature même[32]. » L'antiesclavagisme de Galdi se fonde sur une conception universaliste des droits « d'humanité, de vie, d'indépendance »[33] ; il plaide la cause des Noirs parce que ces droits étaient violés par l'esclavage et par la traite qui faisaient prévaloir l'« esprit mercantile » sur les « justes principes de la morale et de la politique »[34].

Cette réflexion élaborée dans l'Europe méridionale, lointaine des centres qui géraient les colonies, se fonde sur la lecture critique de sources différentes : les traités d'économie politique, les ouvrages du jusnaturalisme moderne, le droit romain, l'histoire et la littérature antique, la littérature de voyage et, surtout, les textes des Lumières françaises. Néanmoins l'analyse serait réductrice si elle traitait cette sensibilité comme une simple réception d'un débat exogène. Il s'agissait, au contraire, d'un patrimoine critique qui mettait, de fait, en relation la Méditerranée italienne et l'Atlantique africain et américain. Le colonialisme européen apparaît à Galdi et à d'autres protagonistes de l'*Illuminismo* avant lui comme un sujet incontournable puisqu'il impliquait les thèmes de l'économie, des rapports

31. Voir Giuseppe Galasso, « I giacobini meridionali » (1984), dans Id., *La filosofia in soccorso de' governi. La cultura napoletana del Settecento*, Napoli, Guida, 1989, p. 509-548 ; Anna Maria Rao, *Esuli. L'emigrazione politica italiana in Francia (1792-1802)*, Napoli, Guida, 1992.

32. Matteo Galdi, « Del commercio dei Negri. Disamina di una memoria del Signor Linguet », dans *Magazzino enciclopedico salernitano*, n. 1, 3 luglio 1789, p. 3-7, n. 2, 10 luglio 1789, p. 13-16 : p. 5 (la traduction en français de ce passage, et de tous les autres qui seront cités, est la mienne).

33. *Ibid.*

34. Ivi, p. 16.

subalternes entre puissances dominantes et territoires dominés, de l'« altérité » humaine et, surtout, de la définition d'une doctrine des droits de l'homme[35].

Ainsi la réflexion de Galdi était inscrite à la fois dans son milieu politico-culturel et dans le débat international dont il partage les positions les plus avancés. Ce n'est pas par hasard si dans *Del commercio dei Negri* la « colonisation nouvelle » a une place éminente. Galdi envisage, en effet, la nécessité de fonder un nouveau système colonial voué à la diffusion des lumières de la civilisation. Et pour ce projet de colonialisme civilisateur sans esclavage, il consacre la dernière page de son article à la traduction en italien d'un long passage du roman *Ziméo* de Jean François de Saint-Lambert que nous avons cité et que, selon toute probabilité, il connaissait à travers les extraits publiés en 1771 dans les *Éphémérides du citoyen*[36].

La « colonisation nouvelle » restera au cœur de la réflexion de Galdi sur ces sujets pendant les années suivantes[37]. Réfugié à Milan (« libérée » par l'Armée d'Italie) en 1796 pour échapper aux procès des autorités napolitaines à cause de son engagement révolutionnaire, il participe au débat sur la « nouvelle diplomatie révolutionnaire » entre la France et les « peuples régénérés »[38]. La plus importante de ses contributions à ce débat est l'essai, publié en 1798, *Dei rapporti politico-economici fra le nazioni libere* (*Des rapports politiques et économiques parmi les nations libres*), où la question de l'esclavage colonial est traitée

35. Voir Alessandro Tuccillo, « Antiesclavagisme sans colonies : *Illuminismo* et esclavage colonial », dans *Dix-huitième siècle*, 45, 2013, p. 629-648 ; *Id.*, *Il commercio infame. Antischiavismo e diritti dell'uomo nel Settecento italiano*, Napoli, ClioPress – Università degli studi di Napoli Federico II, Edizioni del Dipartimento di Studi umanistici, 2013.
36. Matteo Galdi, « Del commercio dei Negri », cit., p. 16.
37. Voir Anna Maria Rao, « L'espace méditerranéen dans la pensée et les projets politiques des patriotes italiens : Matteo Galdi et la "république du genre humain" », dans *Droits des gens et relations entre les peuples dans l'espace méditerranéen autour de la Révolution française*, sous la direction de Marcel Dorigny - Rachida Tlili Sellaouti, Journées d'étude de Tunis, 6-7 mars 2002, Paris, Société des études robespierristes, 2006, p. 115-137.
38. Voir Anna Maria Rao, « Républiques et monarchies à l'époque révolutionnaire : une diplomatie nouvelle ? », dans *Annales historiques de la Révolution française*, 296, 1994, p. 267-278.

à la lumière du décret abolitionniste français du 16 pluviôse an II (4 février 1794). La Convention nationale ayant aboli l'esclavage, Galdi soutient que la France devait faire de l'abolition de l'« infâme trafic des hommes » un article fondamental de sa diplomatie. Une fois établie l'abolition de esclavage, d'après lui la question de plus grande actualité au moment de l'expansionnisme révolutionnaire est alors la conquête de nouveaux territoires « non plus par ambition, mais pour amour de l'humanité » : « Il est temps de faire des découvertes nouvelles non pas pour mettre les peuples en esclavage, mais pour les diriger dans leur cours politique. Il est temps, après tant de maux, de faire du bien aux Africains[39]. » Il s'agit d'un propos proche au « projet africain » soutenu par les membres de la Société des amis des Noirs et des colonies et par les abolitionnistes de la période du Directoire[40].

Galdi reformula ce plan en 1806 dans le contexte de l'expansion impériale napoléonienne. Agent diplomatique du Royaume d'Italie à La Haye, il envisage une colonisation franco-italienne de l'Afrique septentrionale, de la Grèce et du Proche-Orient. Ces colonies devaient exclure l'esclavage et être vouées à la « régénération » de peuples qui vivaient dans des pays au passé illustre mais dans un « état actuel de misère et de barbarie »[41].

---

39. Matteo Galdi, *Dei rapporti politico-economici fra le nazioni libere* (1798), dans *Giacobini italiani*, a cura di Delio Cantimori e Renzo De Felice, Bari, Laterza, 1956-1964, 2 vol., II, p. 209-364, ch. XIX, note 33 (la traduction en français des passages cités est la mienne).

40. Voir Marcel Dorigny, « La Société des Amis des Noirs et les projets de colonisation en Afrique », dans *Annales historiques de la Révolution française*, 293-294, 1993, p. 421-429 ; Marcel Dorigny, Bernard Gainot, *La Société des Amis des Noirs. 1788-1799. Contribution à l'histoire de l'abolition de l'esclavage*, Paris, Éditions Unesco, 1998 ; Marcel Dorigny, « Intégration républicaine et projets de colonisation de l'Afrique : civiliser pour émanciper ? », dans *Grégoire et la cause des Noirs (1789-1831)*, sous la direction de Yves Benot et Marcel Dorigny, Saint-Denis - Paris, Société française d'histoire d'outre-mer – Association pour l'étude de la colonisation européenne, 2000, p. 89-105 ; Bernard Gainot, « La *Décade* et la "colonisation nouvelle" », dans *Annales historiques de la Révolution française*, 339, 2005, p. 99-116.

41. Matteo Galdi, *Memorie diplomatiche*, a cura di Alessandro Tuccillo, memoria IV, p. 155 (la traduction en français des passages cités est la mienne).

L'émancipation était désormais conçue dans le dessein géopolitique de la France de l'empereur Napoléon (auquel le projet était adressé), elle était donc bien différente des principes de la « régénération » révolutionnaire. La « colonisation nouvelle » comme modèle pour éradiquer la traite et l'esclavage commençait à s'ouvrir à d'autres perspectives de domination impériale qui caractériseront l'expérience coloniale en Afrique et dans les « anciennes colonies » américaines au cours du XIXe siècle[42].

42. Voir Jennifer PITTS, *Naissance de la bonne conscience coloniale. Les libéraux français et britanniques et la question impériale (1770-1870)*, préface de Gilles Manceron, Paris, Les Éditions de l'atelier/Éditions ouvrières, 2008 (éd. or. ang. 2005) ; *Couleurs, esclavages, libérations coloniales, 1804-1860. Réorientation des empires, nouvelles colonisations, Amériques, Europe, Afrique*, sous la direction de Claire BOURHIS-MARIOTTI, Marcel DORIGNY, Bernard GAINOT, Marie-Jeanne ROSSIGNOL, Clément THIBAUD, Bécherel, Les Perséides, 2013.

Le laboratoire africain de la colonisation nouvelle

Bernard Gainot

La rencontre suivante est rapportée par Lalande[1], dans son *Mémoire sur l'intérieur de l'Afrique* :

> Au mois d'octobre 1797, MM. Sparrman, Wadstrøm, et Herennius, savants suédois, virent chez le citoyen Peltan, le schérif ou Grand Marabout, Sidi-Mahamet, qui habite au Sénégal, et y jouit d'une grande considération. M. Brisson, qui revenait de sa captivité chez les Maures, leur servait d'interprète ; le Schérif leur rapporta le voyage qu'il avait fait en pèlerin jusqu'à la Mecque, par Tombut ; il leur traça la direction de sa route, et en marqua les principales stations sur un papier, que M. Wadstrøm reçut avec empressement. M. Sparrman m'a écrit que ce schérif leur offrait de recommencer ce voyage avec un Européen qui passerait pour son esclave, qui irait nus-pieds avec un simple manteau, à qui il pourrait être obligé de donner quelques coups du bâton sacré, que porte le marabout ; il demandait environ mille écus, qui lui seraient payés à son arrivée au Levant. Mais nos voyageurs envisageaient la difficulté de supporter longtemps un pareil genre de vie avant que d'être acclimatés, et surtout le danger de perdre leur guide, ce qui les exposerait à être faits esclaves ; et même celui d'être vendus, dans le cas où le conducteur viendrait à être séduit par des offres

1. Il s'agit bien du célèbre astronome Joseph-Jérôme Le Français de Lalande (1732-1807), *Mémoire sur l'intérieur de l'Afrique*, Paris, Imprimerie des administrations nationales, 1795. Ce texte important et bien représentatif est totalement ignoré des biographes du célèbre savant républicain et athée : l'auteur s'inscrit pleinement dans les courants de la colonisation nouvelle, en encourageant les Français à explorer en profondeur le Sénégal et le Niger, deux fleuves que l'on confondait généralement à l'époque, et relance l'idée de la possibilité de traverser l'Afrique depuis le Sénégal jusqu'à la mer Rouge.

plus considérables que le prix convenu ; ainsi, malgré l'extrême envie qu'avait surtout M. Wadstrøm de connaître l'intérieur de l'Afrique, il n'osa accepter les offres du Schérif.

Manifestement, la date mentionnée est inexacte, puisqu'elle est postérieure à la date de parution de l'ouvrage. Il faut vraisemblablement la ramener plusieurs années en arrière, à la veille de la Révolution. Toutefois, comme nous le verrons, les projets peuvent parfaitement s'accorder avec le contexte du Directoire, qui est celui de la multiplication des implantations (effectives ou sur le papier) de colonies libres (c'est-à-dire ne reposant pas sur le travail servile) et des tentatives d'exploration au cœur de l'Afrique. Les conditions mêmes du pèlerinage du notable musulman Sidi-Mahamet sont rigoureusement identiques à celles du voyage de René Caillié vers Tombouctou en 1825, près de quarante ans plus tard[2]. Sidi Mahamet ou M'Ahmet appartient à la famille régnante du Kayor (Kadyoor), qui est alliée aux Français du comptoir de Saint-Louis du Sénégal, siège de la Compagnie d'Afrique. Pelletan, étant le directeur de cette Compagnie[3], et l'hôte de la conférence, on peut légitimement supposer que celle-ci eut lieu à Saint-Louis.

Les autres participants sont le groupe des Suédois, Carl Bernhard Wadstrøm (1746-1799), Andres Sparrman (1748-1820), naturalistes, voyageurs, disciples et vulgarisateurs du système de Linné ; enfin, le capitaine Arrhenius, lieutenant et minérologue. La position de Wadstrøm étant prédominante au sein du groupe, ce qui se marque par son intérêt pour les routes et les étapes caravanières, il nous faudra esquisser le portrait de ce philanthrope, théoricien capital de la *nouvelle colonisation*. Puis, à travers le personnage de Pelletan, nous essaierons de mettre en relations la doctrine et la situation géo-politique de l'Afrique, à un moment capital de son histoire, au cours

2. René Caillié, *Voyage à Tombouctou*, Paris, La Découverte, 1996 (réédition avec une préface de Jacques Berque, deux tomes).
3. Ce qui pose là encore un problème de datation, car Pelletan succéda à Durand, qui avait dirigé la Compagnie de 1785 à 1788. En bonne logique, c'est Durand qui aurait dû accueillir la conférence, mais les projets des deux directeurs, comme nous le verrons ultérieurement, ne sont pas concordants.

duquel il faut chercher une activité de substitution à la traite négrière, qui fut depuis trois siècles le moteur de l'intégration des entités politiques diverses installées sur les rives du Sénégal dans les grands flux d'échanges inter-continentaux. Il faudra enfin établir à grandes lignes la spécificité et l'originalité de ces spéculations par rapport à l'époque qui va suivre, celle de la conquête territoriale et de la domination Européenne sans partage.

Qui est Carl-Bernard Wadstrøm ?

En 1787, les Suédois réalisent en Afrique de l'Ouest (Sénégambie) un voyage aux frais de leur roi Gustave III, afin de prospecter des sites favorables à un établissement colonial. La mission a reçu de chaleureuses lettres de recommandation de l'ambassadeur de Suède en France, Erick Magnus Staël von Holstein, ainsi que l'appui résolu du ministre de la Marine et des Colonies, le maréchal de Castries, toutes aides qui vont conduire le groupe à Saint-Louis du Sénégal, où nous venons de le rencontrer.

Pourquoi cet intérêt pour l'Afrique intérieure ? Wadstrøm est un ingénieur des mines, animateur du cercle swedenborgien de Stockholm[4]. Les swedenborgiens sont liés au mouvement pour l'abolition de la traite des Noirs ; ils préconisent l'avènement d'une humanité régénérée par la raison universelle, et débarrassée de toutes les formes de servitude. Cette humanité nouvelle prend le nom de *Nouvelle Jérusalem.* Toutefois, ce lieu n'est pas mythique, ni utopique (au sens propre), il se confond avec une région qui a souffert de la corruption du vieux monde, tout en ayant préservé un rapport ingénu à la nature. Ce lieu, c'est l'Afrique : le but du petit groupe est de former

4. Gaël Niord, *Carl Bernhard Wadstrøm. De la Nouvelle Jérusalem à la seconde Société des Amis des Noirs,* mémoire de maîtrise, sous la direction de Marcel Dorigny, Université Paris VIII, 1997.
Sur Swedenborg, j'ai consulté la traduction française de *De Nova Hierosolyma,* par J.F.E. Le Boys des Guays, intitulée *De la nouvelle Jérusalem et de sa doctrine,* Saint-Amand, t. 1 (1842), t. 2 (1846).

une « communauté libre » en Afrique, selon les vues développées par l'assemblée des swedenborgiens de Norrköping en 1779 (dont Wadstrøm et les deux frères Nordenskjold sont les principaux animateurs). Les Africains occupent une place privilégiée dans la nouvelle humanité swedenborgienne, parce qu'ils pensent à partir de leur intérieur, et non selon les apparences. Ils sont de ce fait beaucoup plus proches des Anges. Cette « communauté libre » serait implantée sur la côte occidentale de l'Afrique : mais est-elle la *Nouvelle Jérusalem* de la doctrine de Emmanuel Swedenborg ? Rien n'est moins sûr, puisque, dans *Des africains et des nations dans le monde spirituel*, le même Swedenborg identifie plutôt la *Nouvelle Jérusalem*, agora d'une humanité régénérée, avec la cité mythique de Tombuct (Tombouctou). C'est la Cité des Anges, qui doit servir de modèle à ces colons d'un nouveau genre, qui vont vivre en harmonie avec les indigènes.

Utilitarisme et mysticisme se mêlent chez les voyageurs missionnaires de la secte swedenborgienne. Ajoutons-y le pacifisme et l'internationalisme qui inspirent leurs projets, tout comme ceux du mouvement abolitionniste anglais. Granville Sharp, l'un des principaux activistes de ce mouvement avec Thomas Clarkson, a porté le projet d'un établissement libre de la Sierra Leone[5]. C'est dans la proximité de celui-ci que les Suédois veulent fonder l'établissement libre du Bulama. Wadstrøm et les frères agissent en coopération étroite avec les

5. Bernard Gainot, « L'établissement libre de Sierra Leone et les projets de *colonisation nouvelle* en Afrique (1783-1802) dans *L'Empire britannique en héritage. Esclavage, abolition, discrimination et commémoration de l'Amérique du Nord à l'Australie*, sous la direction de Marie-Jeanne Rossignol et Mélanie Torrent, université Paris VII Denis Diderot, Cahiers Charles V 46/2009, p. 71-95.
Sur l'établissement de Sierra Leone, on peut se reporter à John Peterson, *Province of freedom. A history of Sierra Leone 1787-1870*, Evanston, Northwestern University press, 1969.
Et Suzanne Schwarz, « D'une administration privée au contrôle de la Couronne : expérimentation et adaptation en Sierra Leone à la fin du XVIIIe siècle et au début du XIXe siècle », dans *Couleurs, esclavages, libérations coloniales (1804-1860)* sous la direction de Claire Bourhis-Mariotti, Marcel Dorigny, Bernard Gainot et Clément Thibaud, Paris, les Perséides, 2013, p. 179-202.

abolitionnistes anglais (August Nordenskjold est mort en 1792 à Freetown, la capitale de la Sierra Leone). Il est notamment en contact avec William Blake et sa femme Catherine, qui sont des swedenborgiens fervents et des abolitionnistes convaincus. Bien que mandaté par le roi de Suède, Wadstrøm n'hésite pas une seconde à présenter la Compagnie du Bulama, qu'il s'efforce de créer, sur le modèle de la Compagnie de Sierra Leone, comme une entreprise philanthropique – donc de droit privé et indépendante des visées gouvernementales. Nous reviendrons sur cette neutralité revendiquée.

Installé à Londres après son bref et unique périple africain, Wadstrøm s'enthousiasme pour la Révolution française, sans abandonner ses projets de communautés libres, que l'on trouve développés dans son ouvrage majeur, non traduit en français malgré les annonces faites à Paris au début du Directoire, *Essay on colonization*. Publié à Londres en 1794, c'est là que je trouve une bonne partie des pièces qui me permettent de reconstituer le réseau porteur de la « Nouvelle colonisation ». À cette date, Wadstrøm se trouve à Manchester, où il fréquente assidument la *Constitutionnal Society*, un groupe républicain et francophile, dirigé par Thomas Walker, bientôt arrêté pour haute trahison. Wadstrøm est très proche d'un autre révolutionnaire anglais, John Hurford Stone, manufacturier, intéressé dans les parts de la Compagnie de Sierra Leone, et agent de liaison des *United Irishmen*. Accusé d'espionnage, Stone doit s'enfuir en France. Il devient le compagnon de Helen Maria Williams, qui va rédiger la longue et très riche notice biographique de Wadstrøm dans la *Décade philosophique* de 1799. La *Décade*, dont le rédacteur est Jean-Baptiste Say, est l'organe des Idéologues, qui se veulent les cerveaux de la République directoriale[6]. Tout ce milieu est porteur de *la colonisation nouvelle*, clairement théorisé par l'un des leurs, Desrenaudes, en juillet 1797. Miss Williams est par ailleurs une protégée de l'abbé Grégoire. Avec ce dernier, Lanthenas, Jean-Baptiste Say et quelques autres, ils reconstituent la prestigieuse Société des Amis des Noirs à l'automne 1797.

6. Bernard Gainot, « *La Décade philosophique* et la colonisation nouvelle », dans *Annales historiques de la Révolution française* 339/ 2005, p. 99-116.

Mais ils ajoutent « et des colonies », puisque, outre le fait qu'il s'agit de se laver des accusations de vouloir ruiner l'Empire qui avaient été portés contre leurs prédécesseurs, et avaient conduit un certain nombre de leurs fondateurs, dont Brissot, à la guillotine, il faut mettre en avant un projet de refondation de l'entreprise coloniale sur de nouvelles bases[7]. Et c'est dans l'ouvrage de Wadstrøm, *Essay on colonization,* que l'on trouve l'énoncé le plus convaincant du projet. Aussi, Wadstrøm ne tarde pas à rejoindre la Société des Amis des Noirs, dont il devient la figure marquante. Il a abandonné précipitamment l'Angleterre en 1795. Parce qu'il était poursuivi par la police de Pitt ? Ou parce qu'il était discrètement, sinon secrètement, missionné par les actionnaires de la Compagnie de la Sierra Leone pour mener une médiation auprès du gouvernement du Directoire, conjointement avec l'abbé Grégoire. L'arrivée de Wadstrøm coïncide avec la rédaction par l'abbé d'une *Notice sur la Sierra Leone.* Cette dernière a été rédigée à partir d'un matériel documentaire que l'on trouve à l'identique dans l'*Essay on colonization,* et il est vraisemblable que les deux hommes aient alors entamé une collaboration étroite. Il s'agissait de disculper le gouvernement du Directoire dont l'un des bâtiments avait alors mené un raid destructeur sur l'établissement libre : l'argumentaire de la brochure est de prouver que le capitaine français a été induit en erreur par un corsaire négrier états-unien, faute exploitée par le gouvernement anglais pour souder l'opinion publique britannique dans un réflexe patriotique[8].

Avec cette collaboration, et son installation définitive à Paris, Carl Bernhard Wadstrøm entame l'ultime étape de son périple, puisqu'il meurt en février 1799.

---

7. Marcel Dorigny et Bernard Gainot, *La Société des Amis des Noirs (1788-1799),* Paris, Unesco, 1998.
8. Yves Bénot, *La démence coloniale sous Napoléon,* Paris, La Découverte, 1991, p. 157-161.

L'OBSERVATOIRE DE SAINT-LOUIS DU SÉNÉGAL

L'hôte de la conférence est Jean-Gabriel Pelletan (1747-1802). C'est le directeur de la Compagnie d'Afrique. Il a succédé à Jean-Baptiste Léonard Durand, qui a dirigé la Compagnie entre 1785 et 1788. Tous deux sont fascinés par l'intérieur de l'Afrique, qui reste une zone blanche sur les cartes de l'époque. Mais, comme nous le verrons, cet intérêt se décline selon des modalités différentes chez les deux directeurs, reflet de perspectives contradictoires sur l'avenir des comptoirs français de la côte occidentale de l'Afrique[9].

Que recèle l'intérieur de l'Afrique, qui enflamme l'imagination des contemporains ? On peut apporter des réponses aussi variées que les interprétations du cours de l'histoire. Ceux qui insistent sur les perspectives d'exploitation économique mettent en avant l'or du Bambouk, et le réservoir à esclaves du Galam, deux États soudanais avec lesquels les Européens entrent en contact en remontant le Sénégal. Or, ces deux États sont subvertis par la révolution islamique venue des régions peules, désorganisant des circuits commerciaux pluri séculaires.

D'autres mettent en avant les motivations scientifiques, ou du moins la curiosité exploratrice. Le Niger et le Sénégal forment-ils une seule et même voie d'eau ? Question déterminante pour la pénétration des masses continentales, sur le modèle de ce qui s'est réalisé en Amérique du Nord avec le Saint-Laurent et le Mississipi[10]. J.-B. Durand se place dans cette

9. Léonce JORE, *Les établissements français sur la côte occidentale d'Afrique, de 1758 à 1809*, Paris, Société française d'histoire d'outre-mer, 1965. Cet ouvrage, précieux pour l'historique des comptoirs à l'époque de la transition révolutionnaire, signale la profusion des ouvrages sur le Sénégal et l'Afrique intérieure au cours de cette période. Il en résume le contenu, mais les place dans la seule perspective de la colonisation territoriale ultérieure. Une fois encore, cette réduction téléologique fait l'impasse totale sur les projets alternatifs esquissés dans le cadre de la *nouvelle colonisation*.

10. Numa BROC, *La géographie des philosophes, géographes et voyageurs français au XVIIIe siècle*, Strasbourg, Ophrys, 1974. Cet ouvrage remarquable fait l'inventaire de tous les mémoires liés à l'exploration de l'Afrique intérieure, en privilégiant les motivations heuristiques. Mais les ruptures diachroniques

perspective, mais avec une autre direction géographique, la captation par les Européens des antiques routes caravanières (transport du sel, de l'or et des esclaves) transsahariennes. Il essaie d'atteindre le Soudan par l'intérieur, par l'ouverture, ou le contrôle, d'une route entre le Sénégal et la Méditerranée (du Sénégal vers le Maroc) par Tombouctou[11]. Car la ville mythique de Tumbukt, aux maisons dorées et à l'humanité régénérée, perpétue en plein XVIIIe siècle finissant le mythe de l'Eldorado du Nouveau Monde, fusionnant les motivations inséparables de l'aventure coloniale, l'appât du gain, l'attente mystique d'une humanité réconciliée, la soif de l'inconnu.

Les ouvrages de Pelletan sont en bonne place dans la partie de la bibliothèque de l'abbé Grégoire que j'ai consultée à l'Arsenal[12]. Les vues développées par Pelletan, et particulièrement son programme pour l'Afrique intérieure, sont de 1796. Nous pouvons même situer avec précision le contexte d'écriture du mémoire de Pelletan à l'hiver de 1797. Quant à son recueil sur la traite des Noirs, où il développe plus particulièrement une perspective de *colonisation sans esclaves,* et qui, à ce titre, retiendra notre attention, c'est un ensemble de notes ou de réflexions qui se réfèrent à des périodes assez variées, mais rassemblées à l'époque du Directoire. C'est le moment où l'Afrique constitue un continent de substitution à l'Amérique, pour entreprendre son désenclavement, piloté par les sociétaires philanthropes européens.

---

sont dissoutes dans un continuum chronologique, gommant la spécificité de la phase de transition qui nous intéresse ici.

11. Jean-Baptiste Léonard DURAND, *Voyage au Sénégal, ou Mémoires historiques, philosophiques et politiques sur les découvertes, les établissements et le commerce des Européens dans les mers de l'Océan Atlantique, depuis le Cap-Blanc jusqu'à la rivière de Sierra Leone inclusivement ; suivi de la relation d'un voyage par terre de l'île Saint-Louis à Galam, et du texte arabe de trois traités de commerce faits par l'auteur avec les princes de ce pays,* Paris, Agasse, an X (1802), avec figures et Atlas.
12. Bibliothèque de l'Arsenal, Paris ; fonds abbé Grégoire, pièces diverses sur l'esclavage, Volume, pièce n° 22. *Mémoire sur la Colonie française du Sénégal,* par Pelletan, an IX (1801) et *Quelques considérations historiques et politiques sur la traite des nègres, sur leur caractère, et les moyens de faire servir la suppression de cette traite à l'accroissement et à la prospérité de cette colonie,* par le citoyen PELLETAN, chez Panckoucke, Paris, an IX.

L'épitre dédicatoire de l'ouvrage est adressée au général Bonaparte, « Premier Consul de la République française ». Toutefois, si la période bonapartiste est souvent associée, avec les expéditions de reconquête aux Antilles et le rétablissement de l'esclavage, à une entreprise de *restauration coloniale,* force est de constater que nous restons ici complètement dans l'esprit de la « colonisation nouvelle »[13]. Cet épitre dédicatoire est en contradiction complète avec le contexte imaginaire mentionné par l'auteur. Il affirme avoir écrit son mémoire en prison, pendant la Terreur, puis l'avoir envoyé au Comité de Salut public le 6 thermidor an II (24 juillet 1794). S'agit-il d'une nouvelle version d'un écrit antérieur, tombé dans l'oubli par suite de la crise de thermidor an II ? Il serait intéressant alors de savoir quel était le destinataire du texte, parmi les onze membres du Grand Comité. S'agit-il d'une posture, destinée à attirer l'attention du public sur une région qui lui est bien peu familière, prise délibérément à une époque où se présenter en victime de la Terreur vous assurait d'emblée une rente de notoriété ? Au demeurant, ce ne peut être qu'une clause publicitaire, puisque le propos est ailleurs : vanter les ressources que présente à l'industrie nationale « une colonie trop longtemps négligée ; et qui, sous le double rapport de l'Agriculture et du Commerce, peut devenir un jour très importante pour la République ».

L'argumentaire du publiciste se développe ensuite dans une direction plus subtile : les ressources de l'actualité (la campagne d'Égypte de Bonaparte) éveillent la curiosité et l'intérêt pour les ressources de l 'Afrique. Outre l'avantage qu'il pouvait y avoir à se couvrir de l'autorité du Premier Consul, en se référant à l'une des sources majeures de sa renommée, l'auteur offre une perspective concrète d'application du programme tracé dans le mémoire présenté par Talleyrand devant l'Institut national, et largement repris par Jean-Baptiste Say dans les colonnes de

---

13. Bernard Gainot, « The Empire Overseas. The illusion of restauration » dans *Napoleon's Empire. European politics in global perspective,* Ute Planert dir., Palgrave Macmillan, 2016, p. 142-156.

la Décade[14] : l'expédition d'Égypte est une étape majeure dans le progrès de la civilisation universelle[15] :

> Dans cette antique Égypte, où l'imagination se rattache, à chaque pas, à de grands souvenirs, vous avez vu, Citoyen Consul, à quel point de dégradation a pu tomber un peuple jadis célèbre et puissant. Ici vous verrez, dans un pays encore brut et sauvage, des hommes reculés de trente siècles dans l'art de la civilisation, condamnés jusqu'à ce jour à une longue enfance [...]
> [...] Vous venez de régénérer l'Égypte, Citoyen Consul, en lui reportant ces sciences et ces arts, dont elle fut autrefois le berceau. Vous ne trouverez peut-être pas indigne de votre gloire, de créer l'Afrique Occidentale, en instruisant, en civilisant, et surtout, en rendant utiles et heureux ses simples et nombreux habitants. [16]

Le programme scientifique de découverte géographique de territoires inconnus aux Européens s'oriente dans des directions nouvelles, grâce à l'avancée des troupes françaises vers la Haute-Égypte : remonter les pistes caravanières vers le Darfour, puis atteindre la boucle du Niger par le Fezzan et le Tibesti (actuellement situés au Tchad), et retrouver par là le Sénégal et le royaume de Galam, avec lequel les Français sont entrés en contact depuis la côte. Au cœur de ces périples imaginaires, toujours la ville de Tombouctou, un mirage européen, auquel les Français ne sont pas les seuls à céder. Le voyage de l'Écossais Mungo Park, mandaté par l'*African association* de Londres[17], eut un grand retentissement à la charnière du XVIIIe et du XIXe siècle, dont témoigne ici Pelletan :

---

14. Bernard GAINOT, « *La Décade philosophique* et la colonisation nouvelle », *op. cit.*
15. Henry LAURENS, *L'expédition d'Égypte 1798-1801*, Paris, Armand Colin, 1989, p. 18-24.
    Jean-Luc CHAPPEY, « Révolution, régénération, civilisation : enjeux culturels des dynamiques politiques » dans *Pourquoi faire la Révolution*, Jean-Luc CHAPPEY, Bernard GAINOT, Guillaume MAZEAU, Frédéric RÉGENT, Pierre SERNA, Marseille, Agone, 2012, p. 115-148.
16. PELLETAN, *Quelques considérations historiques et politiques... op. cit.*
17. Mungo PARK, *Voyage dans l'intérieur de l'Afrique, 1795-1797*, Paris, La Découverte, 1980. La traduction française est parue en 1799, ce qui pose un jalon précieux pour l'intertextualité des projets de contacts avec l'Afrique intérieure.

> L'établissement des Français aux deux extrémités de l'Afrique, en Égypte et au Sénégal, en procurera infailliblement les moyens. Il est déjà connu que des caravanes de maures, établies dans les déserts voisins de l'Égypte, viennent tous les ans à une foire célèbre qui se tient à *Tombut*, ville considérable, dont l'existence n'est point contestée, mais dont la position géographique n'est pas encore déterminée. *Tombut* n'est qu'à quelques journées de *Galam* ; et le voyage que M. Mungo Park, voyageur anglais, vient de publier, a prouvé qu'il n'est pas impossible d'y aboutir. Peut-être parviendra-t-on un jour à établir des communications suivies entre ces deux colonies françaises ; et de nouvelles découvertes, de nouvelles observations en étendront le domaine de la géographie, de la physique et de l'histoire naturelle[18]…

L'approche des populations autochtones relève d'une anthropologie qui n'est pas fixiste (les peuples non-européens appréhendés comme des entités culturelles intangibles, comme des *sauvages*), mais gradualiste. L'état présent est une étape historique susceptible d'être dépassée, dans un processus global de développement, qui est un processus de civilisation.

> Ces Nations, si différentes au premier aspect, dévouées les unes et les autres à l'esclavage et au malheur, sur un sol que la nature s'est plu à doter de la plus étonnante fécondité, vous offriront plus d'un point de rapprochement. Chez les peuples comme chez les individus, la décrépitude et l'enfance se ressemblent.

Le tableau de la population misérable et asservie, au milieu d'une nature prolifique, est un argument que l'on rencontre fréquemment, mais qui peut être mobilisé au service de deux causes bien différentes ; pour certains, c'est la preuve de la paresse constitutive des populations indigènes, pour les autres, c'est le marqueur d'une oppression de nature économique et sociale, qu'une action bien déterminée peut supprimer[19]. Manifestement, Pelletan est un adepte de ce dernier mode de raisonnement. Lorsqu'il parle de « décrépitude », on peut

18. Pelletan, *idem…*
19. C'est le raisonnement de la majorité des penseurs des Lumières ; Vincenzo Ferrone, *La politique des Lumières. Constitutionnalisme, républicanisme, droits de l'homme. Le cas Filangieri*, Paris, L'Harmattan, 2009.

songer aux analyses de la domination des Mamelouks en Égypte comme transposition des structures de la féodalité européenne. Outre la misère des *fellahs,* la conséquence est la perte de conscience historique du lien qui rattache le peuple égyptien à une civilisation prestigieuse. La perte de la conscience de soi et l'extrême dépendance matérielle caractérisent cet état d'enfance duquel il est possible de sortir par la régénération morale (la valeur travail) et l'intervention des pays développés. Pour l'Afrique occidentale, c'est l'intervention administrative qui est préconisée, sans que l'intervention militaire (l'*imperum,* le droit de conquête) soit condamnée :

> Peut-être aussi ne sera-t-il pas sans intérêt pour le Héros qui a parcouru une partie de l'Afrique en conquérant, et qui l'a observé en philosophe, d'en visiter avec moi, en administrateur, les côtes occidentales. [...]

En Afrique occidentale, cette intervention se traduit par l'interdiction de la traite des esclaves et la multiplication des établissements libres, qui reposent sur le travail volontaire et les transferts de technologie.

L'objectif de la « nouvelle colonisation » passe donc par le continent africain pour sortir du cadre des pensées abstraites et des spéculations utopiques, s'inscrivant dans une conjoncture qui offre de nombreuses opportunités. C'est d'abord la ruine, jugée irréversible, de l'économie de plantation esclavagiste par suite des secousses révolutionnaires en Amérique. Pelletan avance que tous les administrateurs du Sénégal sont convaincus de « l'importance que pouvait donner à cette colonie la culture des denrées de l'Amérique, presque toutes indigènes en Afrique, en y employant, sur leur sol natal et sans les transplanter, les bras que l'avarice enlevait tous les ans à l'Afrique ».

C'est ensuite une donnée géo-politique globale : lier l'Égypte et le Sénégal, c'est contourner l'obstacle de la poussée islamique au Sahel (qu'elle prenne le visage de l'omniprésence des *maures,* ou de la prédication conquérante chez les peuples de la savane). C'est enfin une facette de la confrontation entre les puissances européennes, déterminée par la lutte planétaire entre les Français et les Anglais. Et c'est en raison de cette rivalité que l'établissement philanthropique s'oriente vers la colonie territoriale. Pelletan affirme que Dufour, son successeur à la tête de la Compagnie d'Afrique,

> pensait avec moi que, tandis que l'exaltation de toutes les passions bouleversait nos colonies de l'Amérique et les livrait en partie à nos ennemis, ce serait bien mériter de la République que de lui proposer d'acquérir sans moyens violents, sans aucune surcharge de dépenses pour le trésor public, un espace de deux cent lieues de côtes sur une profondeur de près de trois cents, d'un pays propre à toutes les cultures, coupé par de superbes rivières navigables, et dont la population, quoique très diminuée, était encore suffisante pour le mettre en valeur.

Mais, dans le contexte qui est celui de ces décennies de transition, où les limites de la colonisation territoriale sont encore bien mouvantes, les projets pour arrimer l'Afrique occidentale au marché mondial sont incertains et contradictoires.

Le programme de la « nouvelle colonisation »

Le programme de Pelletan rejoint sur bien des aspects celui de Lalande. Tous deux partagent des convictions abolitionnistes, clairement énoncées, d'autant plus remarquables qu'elles sont en contradiction parfaite avec le contexte de la publication, qui est l'an IX (1802), l'année du rétablissement officiel de l'esclavage.

Lalande s'élève contre la traite des Noirs :

> Ainsi, les Nègres traversent l'Afrique, mais ils vont de proche en proche ; on voit arriver des captifs qui ont voyagé pendant cinq ou six mois ; mais ils ont été vendus vingt fois en chemin par une suite de ce commerce abominable que les Européens ont établi, ou étendu beaucoup parmi les Nègres[20].

---

20. Lalande, *Mémoire sur l'intérieur de l'Afrique*, *op. cit.*

Pelletan se projette dans l'avenir, considérant que l'abolition a fait entrer le développement économique dans une ère nouvelle. Après avoir rappelé qu'avant la suppression de la traite des nègres, on traitait 1200 esclaves qui venaient par la flotille de Galam entre juillet et décembre,

> On pense que cet odieux trafic n'existant plus, il sera aisé de faire tourner l'industrie des habitants de ces contrées vers des objets plus utiles pour le commerce et plus consolants pour l'humanité. Les besoins qu'on leur a créés, en leur portant des marchandises d'Europe, dont ils ne peuvent plus se passer, les engageront à rechercher d'autres objets d'échange, pour se les procurer. Ainsi la loi qui abolit l'esclavage opèrera le double bien d'enrichir la République et de procurer aux malheureux Nègres des jouissances paisibles et le bonheur domestique, qu'ils ne connaissaient pas dans leur vie errante et agitée par la crainte, toujours instante, de perdre la vie ou la liberté[21].

Lalande détaille ces perspectives de développement à la fin de son mémoire :

> Il serait donc plus facile aux Français qu'à aucune autre nation de pénétrer dans l'intérieur de ce riche et curieux pays, et d'apprendre à toute l'Europe des choses toutes nouvelles.
>
> Pour commencer ces belles entreprises, il ne faudrait que des jeunes gens acclimatés quelque temps en Afrique, qui sussent l'arabe et le mandingue, qui fussent accoutumés à la manière de vivre des Nègres et des Maures, et qui se joindraient aux conducteurs de caravanes ou aux Nègres qui vont à Tombut, au Fezzan, à Bournou ou à la Mecque, pour traverser l'intérieur de l'Afrique ; on y pourrait établir des relations qui seraient utiles à la géographie, à l'histoire naturelle, au commerce, et, ce qu'il y a de plus intéressant, à la perfection d'une partie de l'humanité ; nous avons donc lieu des l'espérer[22].

L'intérieur de l'Afrique est la cible prioritaire, certes sur le plan économique, mais le commerce n'est qu'une branche des échanges. L'acculturation globale (l'*acclimatation)* entre les jeunes

21. Pelletan, *Quelques considérations historiques et politiques… op. cit.*
22. Lalande, *Idem.*

savants européens, et les négociants indigènes, ne comporte, il est extrêmement important de le remarquer, aucune dimension militaire, et aucune arrière-pensée de conquête territoriale. La concurrence avec les rivaux Européens (c'est l'Angleterre qui est en cause) n'est toutefois pas absente : si les Français ont un avantage décisif dans la compétition, ce n'est pas en raison de la force matérielle, mais en raison du droit et de la morale, par le décret d'abolition de l'esclavage.

Si les deux mémoires sont en synergie complète, celui de Pelletan est cependant plus précis, sans doute par suite des observations accumulées depuis son poste de Saint-Louis du Sénégal. Il n'en reste pas à la condamnation abstraite de la traite des Noirs, il entre dans des considérations à la fois anthropologiques et historiques sur les conséquences pour les formations sociales africaines, et dans le débat sur les responsabilités du système commercial *infâme.* Certes, la traite des Noirs a entièrement désolé ces contrées, ruinées par des guerres interminables. Mais il ne faut pas pour autant tomber dans les excès des « écrivains philosophes abolitionnistes » qui ont accusé les Européens d'avoir créé la traite des nègres, et d'entretenir pour cela une guerre perpétuelle. Il reprend à ce propos la polémique constamment renaissante sur la responsabilité de Las Casas d'avoir créé la traite des nègres, accusation qu'il relève dans une lettre publiée par le *Journal de Paris.* Pelletan reprend au contraire les arguments récemment avancés par Grégoire dans son *Apologie pour Las Casas :*

> Cette assertion est une erreur historique démentie par des faits de la plus grande authenticité. Peut-on appeler *créer* l'application qu'a pu faire Las Casas de l'usage immémorial, établi en Afrique, de trafiquer de ses esclaves, pour rétablir la population de l'Amérique ? Sans doute les Anciens n'ont pas porté les Nègres dans l'Amérique qu'ils ne connaissaient pas. Mais très certainement, Las Casas n'a pas créé, en Afrique, le trafic des hommes. Son origine se perd dans la nuit des temps...[23]

23. Pelletan, *Idem.* C'est dans la seconde partie de son mémoire que l'auteur traite longuement de l'esclavage des Noirs. Il faut donc le ranger parmi les rares références abolitionnistes de cette époque ; d'où l'intérêt de Grégoire

> … Lorsque les Européens commencèrent à fréquenter les côtes d'Afrique, ils y trouvèrent ce commerce établi ; et l'histoire des premiers navigateurs nous atteste que l'objet de leurs premiers voyages ne fut pas d'y chercher des esclaves. La traite de l'or, celle de l'ivoire, l'espoir d'y trouver d'autres objets propres au commerce, les attirèrent d'abord dans ces contrées.

La responsabilité fondamentale d'une activité désormais considérée comme criminelle, de par le caractère universel du décret d'abolition du 16 pluviôse an II, ne repose ni sur une culture déterminée (puisque le commerce des êtres humains est bien antérieure à la traite transatlantique organisée par les Européens) ni sur la nature supposée intangible des Africains (considérés par toute une école de pensée qui devient hégémonique, comme une *race* inférieure[24]). La responsabilité est le fait d'une structure économique et sociale, produit de la globalisation des échanges depuis le XVIe siècle. Selon lui, les « observateurs philosophes » qui ont parcouru l'Afrique se sont trompés sur le caractère et le tempérament de ses habitants. Ils ont présenté les Nègres comme indolents, paresseux, incapables d'un travail suivi et soutenu. Pour les uns, cette répugnance au travail vient du climat ; pour les autres, de leur constitution physique. Pelletan balaie tous ces « préjugés », en repartant de ses observations, constatant que ceux qu'il appelle les « Nègres du continent » (ce sont les peuples de Galam et du Haut-Sénégal) correspondent à cette caricature que l'on donne généralement d'eux. Les vices viennent donc d'une mauvaise organisation du gouvernement et de la police. En outre, ces petites peuplades sont contraintes de changer fréquemment de domicile pour échapper aux guerres interminables.

> Le malheureux Nègre, placé sans cesse entre l'esclavage ou la mort, ne peut jamais s'attacher au sol qu'il habite, parce qu'il n'en

---

pour cet ouvrage, ce qui vaut à Pelletan d'être cité dans la « dédicace » de *De la littérature des nègres* de Grégoire (éditions Perrin, 1991, p. V).

24. Pierre H. Boulle et Sue Peabody, *Le droit des Noirs en France au temps de l'esclavage.* Textes choisis et commentés, Paris, L'Harmattan, collection « Autrement mêmes », 2014, p. 159-181.
Yves Bénot, *La démence coloniale… op. cit.*, p. 211-228.

est pas propriétaire, et qu'il ne jouit même que d'un usufruit très précaire. Comment sèmera-t-il une terre dont il n'est pas sûr de recueillir la moisson ?

Il pose comme contre-exemple les « Nègres du Sénégal » (les peuples des royaumes côtiers, notamment du Kayor, considéré comme « ami des Français ») sont sans crainte pour leur sûreté, et se livrent au travail avec ardeur, parce que le produit de ce travail leur est assuré, qu'ils sont sans inquiétudes pour leurs propriétés, et sans troubles pour leur jouissance ; car, imprégné des maximes physiocratiques, Pelletan estime que « posséder et jouir sont les deux grands mobiles de toute l'industrie humaine. »

Confrontons maintenant ces perspectives à celles qui sont développées dans le mémoire de Durand, publié à la même époque. Les références sont tout à fait identiques, ce sont celles que l'on va synthétiser durant la période napoléonienne, avec une nuance péjorative, sous le terme de philanthropie : les établissements libres (Boulama, la Sierra-Leone, l'Établissemnt de Borodo du capitaine Landolphe en 1792[25]), les écrits de Wadstrøm, de Raynal et de Montlinod.

La traite est une activité condamnable, elle correspond à un stade historique dépassé, mais Durand ne se livre pas à de larges considérations anthropologiques et sociales. Le système des engagements est beaucoup plus rentable pour cultiver la terre des colonies d'Amérique. Il faut également développer ce système en Afrique.

Mais, de préférence, l'auteur choisit une autre voie, qui est une voie progressive ; acheter des esclaves aux souverains indigènes, faire des lois qui humanisent leur condition, les attacher au sol par la jouissance de la propriété et de la culture.

Les perspectives de Durand sont bien plus compatibles avec l'esprit nouveau qui souffle en France depuis que le Consulat a

25. Sur cet établissement, je renvoie à mon article : Bernard Gainot : « L'établissement libre de Sierra Leone… » *op. cit.* Une interrogation subsiste toutefois : comment Durand a-t-il pu être si parfaitement au fait des détails très précis de cette affaire du Borodo, que Landolphe ne rendra publique qu'en 1823 ?

remplacé le Directoire. Les colonies doivent être régies par des lois particulières, comme le stipule la Constitution de l'an VIII : « Il me paraît impossible que des lois générales assurent indistinctement la prospérité de toutes. »

Quant aux rares considérations anthropologiques sur les populations africaines, elles avalisent la naturalisation en cours des espèces humaines, et condamnent sans équivoque le métissage :

> Les Noirs sont une espèce d'hommes destinés, par la nature, à habiter l'Afrique et l'Amérique ; elle les a créés pour les pays brûlants : gardons-nous de contrarier ses vues et de franchir les barrières qu'elle a posées, conservons les traces dans leur pureté naturelle, et ne permettons pas que les Nègres viennent habiter l'Europe. Ce mélange du noir au blanc est dangereux pour notre population ; à la longue, il peut l'altérer, la corrompre et la détruire.

C'est ici un écho direct de la législation discriminatoire adoptée par le régime bonapartiste ; confinement résidentiel pour les populations de couleur, interdictions d'entrée du territoire, interdiction des mariages mixtes.

Une autre solution avancée pour une nouvelle colonisation, bien différente du protectorat français sur les royaumes africains, est l'internationalisation des établissements européens en terre d'Afrique : les puissances européennes (on pense alors essentiellement à la France et à l'Angleterre) prennent l'engagement de respecter leurs établissements d'Afrique, de les maintenir dans un état de neutralité perpétuelle :

> alors et alors seulement nous concevrons l'espoir de donner la liberté aux Nègres, l'espoir de les civiliser, de connaître et de parcourir paisiblement leur pays, de fonder enfin des colonies puissantes et heureuses[26].

Les conclusions de Durand sont, davantage que celles de Pelletan, en conformité avec le contexte de 1802. Puisque la liberté générale est conditionnée par un accord international,

---

26. Jean-Baptiste Léonard DURAND, *Voyage au Sénégal, op. cit.*, p. 305.

il faut se résoudre à faire vivre au mieux les établissements français, ce qui nécessite le recours à la traite des esclaves, et un cadre protectionniste pour leur développement.

> le gouvernement français a reconnu la nécessité de protéger le commerce à la côte occidentale d'Afrique, et de former de nouveaux établissements sur tous les points de la côte favorables à la traite… Ces mesures sont d'autant plus nécessaires que l'on vient de rétablir pour nous la traite des nègres. Le décret qui la supprimait et qui donnait brusquement la liberté à tous les nègres esclaves fut rendu dans le délire et le tumulte des passions ; il a causé les plus grands malheurs ; le temps et la sagesse peuvent seuls les réparer.
> Je répèterai ici ce que j'ai déjà imprimé sur les principes philanthropiques de la compagnie anglaise[27]. Elle fait dépendre ses succès du concours de toutes les nations et d'un accord parfait entre elles pour l'abolition du commerce des esclaves ; mais se flatte-t-elle de cette union ? et l'obtiendra-t-elle jamais ? Il est au moins permis de douter d'une convention qui proclamerait la ruine et la perte entière des colonies d'Amérique. Je le dis avec douleur : si la Compagnie ne donne pas une autre direction à ses vues, elle aura fait un beau rêve et dépensé inutilement des sommes énormes…[28]

La colonisation « libre » semble tout à la fois appartenir à une époque révolue et à une démarche utopique. Le statut des hommes importe peu, place aux perspectives expansionnistes et aux implantations territoriales, comme celles qui sont développées dans un mémoire anonyme publié dans la même année 1802. Son auteur envisage la colonisation agricole des rives du Sénégal proches de Saint-Louis, avec un centre sur « l'île à Morphil », qui serait soustraite par là même aux souverainetés indigènes. La nouvelle colonie reposerait sur l'emploi de la main-d'œuvre servile, mais l'esclave ne serait plus une propriété mobilière, mais attaché à la glèbe[29].

---

27. Il s'agit de la Compagnie de la Sierra Léone, qui gère l'enclave de Feetown.
28. Jean-Baptiste Léonard DURAND, *Voyage au Sénégal*, *op. cit.* Conclusions du t. 1, p. 356.
29. « la terre du Sénégal ne peut être cultivée que par des esclaves, mais nous pouvons faire en sorte que, dans notre colonie, ces esclaves ne soient

Anticipation de la colonisation de l'Afrique au XIXe siècle, ébauche des empires territorialisés, c'est la seule perspective retenue par les historiens les plus avertis, qui occultent totalement, ou renvoient au royaume des utopies dangereuses ou irréalistes, les espérances et les balbutiements de la « colonisation nouvelle ».

Conclusions

Les contradictions qui sous-tendent les projets de « colonisation nouvelle » sont bien présentes dans les mémoires que nous venons d'évoquer. Si on rapproche les différents éléments contenus dans ces mémoires, on retrouve une inspiration générale, et quelques incertitudes ; il s'agit d'abord de remplacer l'économie de plantation par des établissements agricoles fondés sur le travail libre. L'inspiration physiocratique est évidente : le bon commerce est un commerce de dépôt. Pour Wadstrøm, les produits et la monnaie (seulement la monnaie métallique) circulent librement selon leur valeur naturelle. Pour les physiocrates, les colonies commerciales (qui sous-tendent l'économie de plantation, ou *colonisation moderne*) tendent vers l'esclavage, alors que les colonies agricoles (*colonisation nouvelle)* tendent vers la liberté.

Ce programme, où la morale universelle est inséparable du droit et de l'économie, s'inscrit dans la perspective de la *civilisation.* La situation primitive de non-civilisation doit être corrigée par l'éducation. Pour Wadstrøm, les personnes civilisées sont comme les parents qui sont tenus d'éduquer leurs enfants. C'est un impératif pour les peuples civilisés de « promouvoir le bonheur des barbares et des non-civilisés ». C'est la *gentle servitude* (servitude douce), une tutelle morale et pédagogique.

---

plus la propriété mobilière de l'homme, qu'ils forment avec la terre un tout inséparable ; c'est un premier pas vers la liberté » dans « Un plan de colonisation du Sénégal en 1802 », *Annuaire et mémoires du comité d'études historiques et scientifiques de l'Afrique occidentale française,* 1916, p. 183, cité par Boubakar Barry, *Le royaume du Waalo, le Sénégal avant la conquête,* Paris, Karthala, 1985, p. 203.

Les colons sont ainsi, dans cette perspective, soit des Européens volontaires, des colons-laboureurs et propriétaires, soit des anciens esclaves rapatriés d'Amérique (cas de la Sierra-Leone). Mais la main-d'œuvre est africaine ; salariée pour Wadstrøm, engagés pour Pelletan, esclaves de traite achetés aux souverains africains pour Durand. Le déracinement et la déportation, que les abolitionnistes avaient réussi à construire au cours de leurs campagnes, en objets de scandale, disparaissent.

Les « communautés libres » de Wadstrøm étaient fondées sur le travail et la propriété de la terre. L'organisation politique, un système représentatif autonome, était également établie sur ces bases. L'autonomie était essentielle ; les établissements libres ne relèvent pas d'une souveraineté étatique. Leur sécurité repose sur la neutralité, les puissances européennes s'engageant par conventions à leur protection mutuelle. Ce principe de neutralité remplace le principe de souveraineté. Il doit s'appliquer aussi bien aux établissements libres situés sur les côtes de l'Afrique occidentale, qu'aux vastes espaces inconnus de l'Afrique intérieure, qui doivent être soustraits à la conquête militaire. Ce mirage de l'Afrique intérieure, et à travers lui l'esprit de Wadstrøm et de la colonisation nouvelle, persiste sous l'Empire.

Les mémoires extraits de la bibliothèque de Grégoire à l'Arsenal, qui ont fait l'objet de la présente communication, sont également présents à l'entrée « Afrique » dans le rapport des « directeurs de la Société »[30] intégré à la monumentale compilation de Malte-Brun, réalisée entre 1807 et 1813. On ne sait rien de plus sur la dite « société », sinon que son but « ne peut être rempli que par l'abolition totale du commerce d'esclaves », qu'elle fait le recensement des « Nations où la traite est abolie », qu'elle fournit des informations sur le « commerce

30. Entrée *Africaine (quatrième rapport des directeurs de la Société)* t. XVI, p. 115 des *Annales des voyages, de la géographie et de l'Histoire,* de MALTE-BRUN, consultés à la BNF, micro film 12860, (1). Il y a quelques éléments sur Conrad MALTE-BRUN dans Numa BROC, *La géographie des philosophes... op. cit.*

des Noirs par les Américains » ; et enfin qu'elle se livre à des « considérations sur les productions du Sénégal ».

Je fais l'hypothèse, sans apporter toutefois de preuves définitives, que la société en question est la *Société pour l'Afrique intérieure* dont Grégoire était actionnaire en 1802, et dont on n'a retrouvé aucune trace de ses activités pour l'heure[31]. C'est également une invitation à se livrer à une recherche véritable sur une période de transition, entre la mutation des empires coloniaux vers le milieu du XVIIIe siècle et leur totale recomposition à partir du milieu du XIXe siècle. C'est une période méconnue, dans laquelle on ne voit qu'ébauches imparfaites d'une forme à venir, alors qu'elle est porteuse d'innovations et d'expériences qui vont se transformer en impasses. Plus précisément, c'est une invitation à changer le regard des historiens sur le Directoire, régime qui accueillit et répercuta nombre de ces projets novateurs, dont la *colonisation nouvelle.* Il faut envisager ces projets dans une perspective globale, décentrée, alors que les jugements sur cette période restent bien trop souvent étriqués et systématiquement négatifs.

31. Marcel Dorigny, « Intégration républicaine des colonies et projets de colonisation de l'Afrique. Civiliser pour émanciper ? » dans *Grégoire et la cause des Noirs (1789-1831). Combats et projets,* publications de l'Association pour l'étude de la colonisation européenne et de la Socité française d'histoire d'outre-mer, sous la direction d'Yves bénot et Marcel Dorigny, 2000, p. 89-105.

Sismondi et la colonisation nouvelle

Francesca Sofia

Les réflexions de Sismondi sur la colonisation ont eu un retentissement mineur par rapport à ses combats contre l'esclavage et la traite des noirs[1]. Si en France c'est surtout Marcel Dorigny qui a abordé la question[2], le monde anglo-saxon s'est plutôt intéressé à ses interventions contre la Compagnie anglaise des Indes orientales, voyant en lui un représentant de premier plan de cette école de pensée, partagée tant par les Indiens que par les Européens, que Chris Bayly a nommé le « classicisme d'une modernité anti-impérialiste »[3]. Il serait

1. Voir à ce sujet A. Berchtold, « Sismondi et le groupe de Coppet face à l'esclavage et au colonialisme », dans *Sismondi européen*. Actes du Colloque tenu à Genève sous la direction de S. Stelling-Michaud, Genève, Slatkine, 1976, p. 79-92 ; O. D. Lara et N. Schmidt, « Traite négrière, esclavage et liberté : le militantisme de Coppet », dans *Coppet, creuset de l'esprit libéral*, sous la direction de L. Jaume, Paris, Economica, 2000, p. 177-186 ; N. Schmidt, *Abolitionnistes de l'esclavage et réformateurs des colonies, 1820-1851. Analyse et documents*, Paris, Kartala, 2000, p. 78-79, 211-212 ; R. Arena, « Pourquoi et comment faut-il abolir l'esclavage dans les Antilles françaises ? À propos des argumentations de Say, Sismondi et Rossi », dans *L'économie de l'esclavage colonial. Enquête et bilan du XVIIe siècle au XIXe siècle*, Paris, CNRS, 2002, p. 73-84 ; M. Dorigny, « Sismondi, de la lutte contre la traite à la « colonisation nouvelle » : les combats d'un intellectuel cosmopolite au début du XIXe siècle », *Cahiers staëliens*, n° 64, 2014, p. 77-92.
2. Voir, outre M. Dorigny, « Sismondi, de la lutte contre la traite... », *op. cit.*, du même auteur « Sismondi et les colonies : un maillon entre Lumières et théoriciens du XIXe siècle ? » dans *Rétablissement de l'esclavage dans les colonies françaises. Aux origines de Haïti*, sous la direction de Y. Bénot et M. Dorigny, Paris, Maisonneuve et Larose, 2003, p. 471-484 : à ces écrits je suis redevable de plus d'une suggestion.
3. *Cf.* C.A. Bayly, « Rammohan Roy and the Advent of Constitutional Liberalism *in* India, 1800-1830 », *Modern Intellectual History*, IV, 2007, p. 25-41 mais aussi P. Vasunia, *The Classics and Colonial India*, Oxford, Oxford University Press, 2013, p. 121-125.

toutefois hasardeux de voir en Sismondi un théoricien hostile à la colonisation : bien qu'il n'ait abordé expressément la question coloniale que très tard dans sa vie – il s'agit de l'article paru en 1837 dans la *Bibliothèque universelle* de Genève : « Les colonies des anciens comparées à celles des modernes », écrit avec l'intention explicite de définir l'avenir possible de l'Algérie française[4] – toute sa réflexion est mêlée d'observations sur les colonies, soit en tant qu'historien soit en tant qu'économiste. Je m'attacherai donc dans cette communication à retracer le parcours qui mène le Genevois à sa théorie de la colonisation, en mettant en évidence les stratifications successives qui aboutissent à l'article de 1837.

C'est avant tout l'économiste qui a entrepris de réfléchir sur les colonies. Dans son premier ouvrage d'envergure, *De la Richesse commerciale*, publié à Genève en 1803, il a dédié un chapitre entier à ce sujet. Il serait vain de chercher beaucoup d'originalité dans ces pages de Sismondi. Comme il l'écrit souvent lui-même dans cet ouvrage[5], son adhésion aux principes libre-échangistes d'Adam Smith est ici totale et conditionne presque toutes ses considérations relatives aux colonies. C'est d'Adam Smith que Sismondi tire sa critique du système mercantile, insistant en particulier sur le fait que, dans ce système, les règlements commerciaux, loin de favoriser les colonies ou la métropole, privilégient les intérêts des négociants. C'est encore à Smith que Sismondi emprunte la distinction entre les colonies anciennes des Grecs et des Romains, et celles de son époque : les premières étaient le fruit de la nécessité,

4. J.-C.-L. Simonde de Sismondi, « Des colonies des anciens comparées aux celles des modernes, sous le rapport de leur influence sur le bonheur du genre humain », *Bibliothèque universelle*, janvier 1837, p. 1-22, 225-253. Cité ici du tiré à part : Genève, impr. Ramboz, 1837.

5. « En marchant sur les traces de cet homme célèbre», écrit Sismondi dans l'introduction en se référant à Adam Smith, « et en développant les principes qu'il a posés le premier, je puis donc encore espérer d'être utile si je réussis à profiter des travaux de mes prédécesseurs, de manière à répandre plus de jour sur la science qu'ils ont professée, à approprier à la France et à sa législation les conseils qu'Adam Smith destinait surtout à l'Angleterre » (J.-C.-L. Simonde de Sismondi, *De La Richesse commerciale, ou Principes d'économie politique appliqués à la législation du commerce* (*Œuvres économiques complètes*, t. II), Paris, Economica, 2012, p. 39).

lorsqu'un excédent de population exigeait l'émigration d'une partie d'entre elle ; les secondes répondaient au souci de pérenniser la soumission des peuples nouvellement assujettis (souci né de l'utilité, selon Smith ; de l'ambition, selon Sismondi) ; et viennent enfin les colonies modernes, qui ont eu en vue seulement un accroissement de richesse[6]. C'est enfin à Smith encore que le Genevois emprunte l'idée que la société des ex-colonies anglaises d'Amérique est celle qui se rapproche le plus du modèle grec. « De toutes les sociétés d'hommes, avait écrit Smith dans la *Richesse des Nations*, il n'y en a point qui s'avance plus rapidement vers la richesse et la grandeur, que la colonie d'une nation civilisée, qui prend possession d'un pays désert ou si peu habité, que les naturels ne font pas difficulté de lui céder la place. Les colons portent avec eux une connaissance de l'agriculture et des autres arts utiles supérieure à celle que des nations sauvages et barbares peuvent acquérir d'elles-mêmes dans le cours de plusieurs siècles »[7]. Et Sismondi pour sa part répétait : « Ces nouveaux fondateurs de nations étaient donc bien plus favorisés que les premiers pères de nos peuples d'Europe, qui avaient à lutter bien moins contre l'âpreté du climat et les difficultés de la culture que contre leur propre ignorance et leur dénuement. Les colons avaient centuplé leurs forces par l'expérience d'autrui ; les premiers hommes ne connaissaient d'autres forces que celles qu'ils avaient reçues de la nature »[8]. Le modèle de développement propre aux colonies américaines – celui où l'accumulation primitive s'effectue dans l'agriculture, à la différence des pays européens où la richesse est dans la dépendance du commerce et des manufactures – est emprunté également à la *Richesse des nations*, bien que Sismondi y ajoute quelque chose de nouveau. L'agriculture, en bannissant le luxe, et les vices qu'il entraîne à sa suite, a rappelé selon lui l'homme au sentiment de la liberté et de son indépendance, et en a fait un homme libre. De là découle l'égalitarisme propre à

---

6. *Cf. De la Richesse commerciale…, op. cit.*, p. 319, 323 et A. Smith, *Recherches sur la nature et les causes de la richesse des nations*, Yverdon, 1781, t. IV, p. 224-226 et 160-163.
7. *Ibid.*, p. 180.
8. *De la Richesse commerciale…, op. cit.*, p. 321.

la société des colons que, dans un écrit de quelques années antérieures, destiné à rester manuscrit, Sismondi faisait dériver de la distribution même de la propriété. Selon lui, pour comprendre l'exceptionnalité de la société américaine, il fallait étudier la répartition de son revenu agricole. « Moindre est la rente de la terre, toutes choses égales – écrivait ici Sismondi – et plus grande sera la partie de son produit à distribuer entre le fermier et le laboureur, plus grand sera le profit du premier, et le salaire du second, or la rente de la terre sera d'autant moindre qu'il y aura plus de bonnes terres à affermer, et moins de fermiers pour les prendre[9]. » Il s'agissait en outre d'un égalitarisme qui n'était pas tout à fait stationnaire, parce que soit la grande disponibilité des terres, soit le rapport inversement proportionnel du revenu du propriétaire et du profit des laboureurs, étaient l'un comme l'autre des facteurs favorables au progrès de l'agriculture. Peut-être pense-t-il à ce modèle de colonisation quand, contre l'avis de de Pradt, il affirme que « quoique nous ne regardions pas leur émancipation comme un malheur, parce que nous ne regardions pas non plus l'étendue de l'Empire, ni même la supériorité de sa puissance militaire comme un bonheur, nous ne croyons pas comme lui que leur séparation soit nécessaire, nous pensons même que tout bon gouvernement peut l'éloigner indéfiniment, en ne les considérant plus comme des *fermes destinées à produire*, mais comme des provinces égales en droit à toutes les autres, et dont les accroissements, la richesse et la population ne doivent pas moins l'intéresser que ceux d'aucune autre partie de la nation »[10].

Jusqu'ici Sismondi semble présenter le seul modèle de colonisation qu'il considère positif – celui des colons américains – comme une contre-histoire du développement européen.

---

9. J.-C.-L. Sismondi, *Essais sur les constitutions des peuples libres*, ed. par. R. Di Reda, Roma, Jouvence, 1998, p. 561. Il s'agit de la première version, écrite entre 1796 et 1798, des *Recherches sur les constitutions des peuples libres*, publiée elle aussi posthume par M. Minerbi en 1965 (Genève, Droz).

10. *De la Richesse commerciale…*, *op. cit.*, p. 325. Il se réfère ici à l'ouvrage de D. Dufour de Pradt, *Les trois âges des colonies, ou de leur état passé, présent et à venir*, Paris, Giguet, 1801-1802, qui avait préconisé, en le regrettant, l'abandon des colonies par les Européens.

Si celui-ci s'était fondé sur la prééminence des villes sur les campagnes – il le dit clairement dans son *Tableau de l'agriculture toscane* publié deux ans plus tôt[11] – celui des colonies américaines avait adopté au contraire le modèle défini comme « naturel » par Smith, c'est-à-dire entièrement fondé sur l'agriculture. Il n'y a aucune mention de l'apport des villes dans ce processus de colonisation. Lorsqu'il a commencé à étudier l'*Histoire des Républiques italiennes au Moyen Âge*, il a dû constater, par contre, que le colonialisme ancien, celui qui lui semblait très proche de la forme adoptée par les colons américains, était avant tout un phénomène urbain. Toutes les villes d'Italie, auxquelles l'Europe moderne doit la redécouverte de la liberté politique après l'effondrement de l'Empire romain, étaient ancrées dans les enceintes des colonies romaines ou grecques. Florence, par exemple, avait été une colonie romaine fondée par Lucius Syllas, sur les vestiges d'une ville étrusque ; Amalfi et Naples étaient bâties sur les ruines de colonies grecques[12]. Et, à leur tour, les républiques italiennes, devenues riches et commerçantes, exportèrent dans toute la Méditerranée le modèle d'organisation politique qui était le leur, en fondant de nouvelles colonies. Cet héritage, en effet, ne se faisait pas sentir seulement sur les lieux de peuplement, mais il portait avec lui la renaissance de l'organisation politique ancienne. « La république romaine – écrivait Sismondi – avait formé les gouvernements municipaux et ceux des colonies sur son propre modèle ; dans quelques cités seulement elle avait conservé des institutions

11. « Les villes de l'Italie s'affranchirent et se gouvernèrent en Républiques, long-tems avant que les campagnes pussent goûter les douceurs de la liberté ; c'est dire aussi que l'industrie, l'activité et les talents s'y réveillèrent, dans un tems où les campagnes croupissaient encore dans l'ignorance et l'oisiveté. [...] Les capitaux accumulés par le commerce, et auxquels ce commerce ne pouvait plus suffire, refluèrent dans les campagnes, ils couvrirent les collines de vignes et d'oliviers, transformèrent en châtaigniers les sapins des montagnes, ouvrirent des routes dispendieuses sur les bords des précipices, entourèrent les fleuves de digues, creusèrent les canaux d'arrosement, comblèrent enfin la face de la terre, et en augmentant ses produits augmentèrent aussi sa population (J.-C.-L. Simonde de Sismondi, *Tableau de l'agriculture toscane* (1801), Genève, Slatkine reprints, 1998, p. 285-287).

12. J.-C.-L. Simonde de Sismondi, *Histoire des Républiques italiennes au Moyen Âge*, Paris, Nicolle, 1809, t. I, p. 243-244 ; t. II, p. 339.

plus anciennes encore, mais toujours également républicaines ; les empereurs [grecs] n'avaient pas pris ombrage de cet esprit et de ces formes impuissantes qui subsistaient obscurément dans les petites villes. [...] Déjà ils s'étaient assemblés pour des offices civils : ils se donnèrent aussi des liens militaires, ils élurent leurs capitaines ; ils se soumirent volontairement aux règles de la discipline : ils sentirent combien ils étaient intéressés à défendre, sous des chefs en qui ils avaient confiance, leurs personnes et leurs propriétés. C'est ainsi qu'ils devinrent réellement citoyens[13]. »

Ces courtes citations mettent clairement en évidence le lien que Sismondi établit entre colonisation et civilisation. Lorsque dans son article de 1837 il écrit que « l'histoire de la colonisation des pays situés sur les côtes de la Méditerranée pourrait aussi bien s'appeler l'histoire de la civilisation du genre humain »[14], c'est fort de l'histoire des républiques italiennes qu'il peut l'affirmer. Bien que, il faut l'avouer, cette même histoire, en tant que tableau de la genèse de la modernité, montrait aussi les premières ébauches d'une colonisation différente.

C'est dans la République de Venise, la plus aristocratique des républiques italiennes, que Sismondi retrace cette autre histoire. En quelque sorte, cette république était composée de trois peuples, chacun jouissant de droits différents : d'abord venaient les Vénitiens, les seuls vrais citoyens ; puis les habitants des provinces de terre-ferme, soumis formellement à la République, mais séparés économiquement et socialement de la population dominante ; enfin, les provinces du Levant, la « troisième classe » des sujets vénitiens, « méprisée, opprimée, et toujours sacrifiée aux deux autres ». Celle-ci était gouvernée comme si elle n'était pas une partie intégrante de la République, et la mère-patrie ne pensait pas à la faire prospérer ni à la défendre. Un préjugé presque racial empêchait les Vénitiens de se commettre avec ces sujets. « Tous les Grecs, écrit Sismondi, étaient réputés faux et corrompus, tous les Illyriens barbares. Le Vénitien se serait senti humilié, s'il avait été confondu avec

13. *Histoire des Républiques..., op. cit.*, t. I, p. 224 et 228.
14. *Des colonies des anciens..., op. cit.*, p. 1.

de semblables hommes »[15]. C'est cette politique coloniale qui prévaudra dans l'Europe monarchique, et qui, selon Sismondi, a été suivie surtout par l'Angleterre, la plus aristocratique des monarchies européennes. Voici ce qu'il écrit en jugeant la colonisation britannique, peut-être influencé par la lecture de l'*Histoire de la conquête de l'Angleterre* d'Augustin Thierry[16] : « Les Anglais n'ont jamais su fondre dans leur nation un seul des peuples que les armes, les traités, ou les successions leur ont donnés. Dans leurs îles mêmes, les habitants de Jersey et de Guernesey, les Écossais, les Irlandais sont restés Normands, Écossais, Irlandais. Le Hanovre est demeuré aussi étranger à l'Angleterre que le Danemark ; Gibraltar, Malte, les îles ioniennes, le Continent et les îles d'Amérique, le Continent méridional de l'Afrique, l'immense empire des Indes, et l'empire naissant de l'Australasie, empruntent des citoyens à l'Angleterre, et ne lui en rendent point : elle domine partout, elle ne s'associe jamais[17]. »

Je reviendrai plus tard sur l'importance du métissage dans la théorie spécifique de la colonisation qui est la sienne. Pour le moment il me faut m'attarder sur les développements qu'entre temps a pris sa réflexion économique. À partir de l'article *Political Economy,* écrit entre 1816 et 1817 pour être publié dans l'*Edinburgh Encyclopedia* de David Brewster[18], Sismondi commence à mitiger son libéralisme économique, ce qui l'amènera trois ans plus tard à écrire ses *Nouveaux principes d'économie politique,* l'ouvrage qui consacrera sa réputation. C'est la crise de

---

15. *Histoire des Républiques italiennes au Moyen Âge,* t. 10, Paris, Treuttel et Würtz, 1815, p. 262 et 264.
16. En 1825 Sismondi avait publié un compte rendu enthousiaste de l'ouvrage de Thierry : *cf. Revue Encyclopédique,* t. XXVIII, p. 77-91, où il écrit : « M. Thierry a vu le premier quelles profondes traces le souvenir d'une conquête laisse dans les caractères des peuples, et quels liens secrets rattachent toutes les révolutions successives à la longue rancune des vaincus contre les vainqueurs. »
17. Voir le compte rendu de Sismondi de R. Rickards, « India, or Factssubmitted to illustrate the character and conditions of the native inhabitants » dans la *Revue Encyclopédique,* t. XLII, 1829, p. 641-661, en particulier p. 642.
18. Mais paru seulement en 1824 dans la traduction anglaise de Thomas Carlyle : voir l'*Introduction* de P. Bridel à l'édition française du texte dans J.-C.-L. Simonde de Sismondi, *Écrits d'économie politique (1816-1842),* Paris, Economica, 2015, p. 25-33.

surproduction traversée par l'Angleterre pendant son premier cycle d'industrialisation qui oblige Sismondi à revoir beaucoup de ses convictions acquises. Contrairement aux économistes qu'il désigne comme faisant partie de l'école « chrématistique », pour qui l'accélération du taux de croissance de la production liée à une hausse rapide du stock de capital permet une baisse du prix des biens et une amélioration du niveau de vie, Sismondi s'insurge contre un tel enrichissement exclusif des propriétaires des moyens de production fondé sur le remplacement forcené du travail par les machines et donc sur l'expulsion de la main-d'œuvre du processus de production. Aux yeux de Sismondi, cette école refuse de comprendre que « le travail a été vainement offert par ceux qui n'ont que leur travail pour vivre, et qui périssent de misère, au milieu de subsistances abondantes qu'ils ne peuvent acheter »[19].

En effet, l'augmentation de la production a un *coût* qui, à partir d'un certain point, dépasse ses bénéfices : on produit plus, certes, mais au prix d'une baisse du temps de loisir, d'une baisse des salaires, de la prolétarisation de la classe ouvrière. Cette exclusivité donnée à la production se manifeste dans la surproduction endémique qui éclate, périodiquement, en crises de surproduction.

Comment remédier à cette situation ? Il faut assurément trouver des mécanismes régulateurs d'un marché abandonné à sa dynamique autonome : mais un palliatif provisoire pourrait être aussi la reprise du processus de colonisation. Voici ce qu'il écrivait déjà en 1817, en rendant compte de l'ouvrage de Filippo Pananti, un érudit toscan qui a été esclave en Algérie : « Dans l'état de souffrance universelle où l'Europe est aujourd'hui jetée, par une disproportion effrayante entre les produits de son industrie et sa consommation ; tandis que de toute part le pauvre offre son travail, et ne trouve personne qui le demande, personne qui le paye ; aucun événement ne serait plus désirable que celui qui étendrait l'empire de la civilisation, et qui présenterait à nos manufactures, chez des peuples nouveaux, les

19. J.-C.-L. Simonde de Sismondi, *Nouveaux Principes d'économie politique ou De la Richesse dans ses rapports avec la population*, Paris, Delaunay, 1827, p. 291.

débouchés qu'elles ne trouvent plus dans la vieille Europe [...]. Il faut que des peuples accoutumés à nos arts, à nos jouissances, à tous les plaisirs et les besoins de la civilisation, achètent ces marchandises diverses dont toutes nos fabriques regorgent, et que nous devons vendre sous peine de mourir de faim[20]. » Comme dans l'ancienne colonisation grecque, c'était le principe de nécessité qui justifiait cette « seconde colonisation » : la différence entre les deux expériences, c'était que la première, la grecque, avait en vue d'exporter dans ses colonies l'excédent de sa population, la deuxième, la « nouvelle », au contraire, l'excédent de ses marchandises. Il est clair, alors, que le but de la nouvelle colonisation devait être de mettre en place une société de consommateurs. On peut comprendre pourquoi Sismondi, en prêchant une abolition graduelle de l'esclavage, se refusait à fixer comme objectif aux esclaves affranchis le statut de salariés agricoles, mais celui de métayers. L'économie des colonies, de toutes les colonies, avec ou sans esclaves, devait tendre à soutenir la demande intérieure plutôt que de développer la monoculture de denrées pour l'exportation. C'était dans l'intérêt de la métropole, mais aussi des colonies. La conversion des indigènes en consommateurs réaliserait en effet le souhait qu'il avait exprimé dès 1803, en ce qu'elle les mettrait vraiment sur un pied d'égalité avec l'Europe, en les accoutumant, comme il l'écrit lui-même, aux arts, aux jouissances, à tous les plaisirs et aux besoins de la civilisation[21].

Dans ce même compte rendu, Sismondi montrait aussi de manière précise quelle orientation devait prendre la nouvelle colonisation. « Aucun pays, écrivait-il, ne pourra mieux que la Barbarie répondre à ces désirs des philanthropes[22]. » Cette

---

20. Voir le compte rendu par Sismondi (signé SSI) de F. Pananti, *Avventure e osservazionisopra le coste di Barberia*, dans *Bibliothèque universelle des sciences, belles-lettres et arts. Littérature*, t. V, 1817, p. 359-371, en particulier p. 359.

21. *De la Richesse commerciale...*, *op. cit.*, p. 326. Ses propos en faveur de l'introduction du métayage dans les colonies sont argumentés surtout dans son article « De la condition dans laquelle il convient de placer les nègres en les affranchissant », *Revue mensuelle d'économie politique*, I, 1834, p. 401-426 : voir à ce sujet N. Schmidt, *Abolitionnistes de l'esclavage...*, *op. cit.*, p. 211-212 et M. Dorigny, *Sismondi et les colonies...*, *op. cit.*, p. 475-478.

22. Compte rendu de Pananti, *op. cit.*, p. 359.

fois, c'était l'historien qui parlait. Dans l'*Histoire des Républiques italiennes* il avait souligné que cette région avait été le foyer d'une grande civilisation sous la domination arabe[23]. Mais, comme cela était arrivé au XVIe siècle à l'Italie, tombée sous la domination espagnole, le Maghreb était à la même époque conquis par les barbaresques, et perdait sa liberté et les caractères spécifiques de sa civilisation. Il s'agissait alors de le libérer de ces « treize ou quatorze mille aventuriers, enrôlés dans une autre partie du globe, étrangers à l'Afrique par leurs mœurs, leur langage et leurs sentiments, et détestés de ses habitants sur lesquels il exercent une affreuse tyrannie »[24].

C'est d'un même regard, fixé sur le couple dominés/dominants, qu'il considère l'Italie ou la Grèce de son temps[25] tombées sous la domination étrangère, et l'expédition contre Alger. Dans l'article qu'il publie en 1830 dans la *Revue encyclopédique*, dans lequel il polémique contre l'opposition libérale – et particulièrement contre le député Laborde, qui avait déclaré

23. Voir par exemple *Histoire des Républiques italiennes au Moyen Âge*, t. 6, Paris, Nicolle, 1815, p. 146, où, en se référant à l'expédition du Génois Philippe Doria en Afrique en 1355, il écrit : « Les côtes de la Barbarie n'étaient point désolées comme elles le sont aujourd'hui : les Maures avaient conservé ou regagné leur indépendance, et le honteux gouvernement des brigands étrangers qui règnent sur ces belles contrées, après avoir été enrôlés dans la lie du peuple à Constantinople, n'avait pas commencé. Aussi les Africains ne songeaient pas encore à la piraterie ; ils suivaient avec ardeur le commerce, l'industrie manufacturière et l'agriculture ; ils possédaient toujours plusieurs écoles célèbres, et ils avaient conservé le goût des études, encouragées sous le règne glorieux des premiers Miramolins. » Sur la civilisation arabe Sismondi reviendra aussi, de manière plus approfondie, dans son *Histoire de la chute de l'Empire romain et du déclin de la civilisation de l'an 250 à l'an 1000*, Paris, Treuttel et Würtz, 1835, 2 vol. : *cf.* à ce sujet R. Minuti, « L'image de l'Islam dans les œuvres historiques de Sismondi », in *Le Groupe de Coppet et l'histoire.* VIIIe Colloque de Coppet, Genève, Slatkine, 2006, en particulier p. 377-390 et M. P. Casalena, *Libertà, progresso, decadenza. La storiografia di Sismondi*, Bologna, Bononia University Press, 2016, p. 178-181.
24. Compte rendu de Pananti, *op. cit.*, p. 364.
25. L'engagement de Sismondi en faveur de l'indépendance de la Grèce, mis à part ses contributions à la *Revue Encyclopédique*, n'est pas encore très connu : voir à ce sujet F. Sofia, « Additions aux œuvres de Sismondi », dans *Sismondi. Républicanisme moderne et libéralisme critique*, sous la direction de B. Kapossy et P. Bridel, Genève, Slatkine, 2013, p. 214-217, où sont répertoriées ses nombreuses interventions dans la presse anglaise et française.

à la tribune cette guerre injuste, inutile et illégale[26] – Sismondi résume tous les arguments qu'il avait employés précédemment pour défendre cette «colonisation nouvelle ». La guerre est avant tout juste, parce qu'elle est émancipatrice : elle ramènera « la civilisation dans la patrie de saint Augustin » et ranimera cette ancienne civilisation « du Zahara à la Méditerranée, et de l'Atlantique aux rives du Nil »[27]. Elle est en outre utile à la France, parce que « les vieilles nations de l'Europe, tout comme celles de l'Antiquité, ont besoin de débouchés où elles puissent verser tout l'excédent de population et de vie créé en elle de la civilisation »[28]. Le royaume d'Alger ne doit pas être une simple conquête, mais l'expédition doit ouvrir la voie à la fondation d'une vraie colonie, où les nouveaux occupants apporteront les arts, les métiers, l'industrie, nécessaires pour revivifier un peuple opprimé par trois siècles d'un gouvernement despotique. Et c'est pour cela que cette guerre est parfaitement légale, parce que la Régence d'Alger n'est pas un État souverain, « mais la plus grande association formée pour le brigandage qui ait jamais existé sur la terre ». Mais, met-il en garde, il ne faut pas faire la guerre aux sujets, mais se débarrasser seulement de leurs oppresseurs. Il faut aux contraire chercher à s'attacher les habitants du pays, à se présenter comme leurs amis, leurs libérateurs, les aider à reconquérir leur dignité et avec elle leur liberté. En se comportant ainsi, les Français retrouveront en ces Maures « ces industrieux cultivateurs, ces hommes patients, intelligents, actifs, qui couvrirent des merveilles de l'agriculture moresques les territoires de Grenade et de Valence ; ils trouveront dans les Juifs, dont plus de cinquante mille sont répandus dans le royaume, cette aptitude au commerce, cette promptitude de calcul, cette connaissance de tous les marchés

---

26. A. de Laborde, *Au Roi et aux Chambres sur les véritables causes de la rupture avec Alger et de l'expédition qui se prépare*, Paris, Truchy, 1830, qui avait fait l'objet d'un compte rendu de la même *Revue Encyclopédique* : voir Y. Benot, « Une préhistoire de l'expédition d'Alger », dans *Rétablissement de l'esclavage…*, *op. cit.*, p. 537-545.
27. J.-C.-L. de Sismondi, « De l'expédition d'Alger », *Revue encyclopédique*, 46, 1830, p. 273-296, en particulier p. 283.
28. *Ibid.*, p. 285.

de l'Afrique, qui en feront des agents adroits et habiles de toutes les entreprises commerciales, des colporteurs et des détaillants actifs, des voyageurs patients, sobres et infatigables, pour communiquer avec les peuples barbares du désert, ou avec les tribus opprimées du Maroc et de Tunis »[29].

On sait que l'expédition d'Alger prendra avec le temps une autre direction. Mais c'est toujours avec l'espérance de l'infléchir que Sismondi prend la plume pour résumer de manière exhaustive sa théorie de la colonisation. Comme l'indique le titre, tout son article de 1837 est fondé sur la comparaison entre les colonies des anciens et celles implantées par les États européens à partir du XVIe siècle, et sa prédilection va naturellement aux premières. Comme il l'avait fait trente ans plus tôt, en montrant aux lecteurs la nécessité de ne pas oublier l'ancienne liberté qu' avaient connue les républiques italiennes au Moyen Âge, que promouvait la vertu et non pas le bonheur[30], c'est avec la même opération qu'on peut appeler archéologique qu'il se fait promoteur d'une colonisation nouvelle. En nous dépeignant un *excursus* historique des colonies anciennes qui de l'ancienne Égypte nous amène à la Grèce et à Rome, Sismondi dévoile, par contraste, tous les abus de la colonisation « moderne ». Les colonies anciennes renouvelaient la race humaine, celles des modernes l'abrutissent ; les premières surmontaient toujours

29. *Ibid.*, p. 287-288.

30. En concluant son *Histoire des Républiques italiennes,* Sismondi écrivait : « Encore que le système des anciens fût absolument diffèrent du nôtre, encore qu'il n'offrît point les nombreuses garanties que nous regardons avec raison comme essentielles à la sécurité des citoyens, il contenait les germes des plus grandes choses, et il devait faire naître des hommes que nos gouvernements les plus sagement balancés ne produiront peut-être jamais. La liberté des anciens comme leur philosophie, avait pour but la vertu ; la liberté des modernes, comme leur philosophie, ne se propose que le bonheur. [...] Le législateur, désormais, ne doit plus perdre de vue la sécurité des citoyens, et les garanties que les modernes ont réduit en système ; mais il doit se souvenir aussi qu'il faut chercher encore leur plus grand développement moral » (*Histoire des République italiennes au Moyen Âge,* t. 16, Paris, Treuttel et Würtz, 1818, p. 405-406). Benjamin Constant s'inspire de ces affirmations sismondiennes dans son fameux discours à l'Athénée Royal de l'année suivante : voir F. Sofia et F. Dal Degan, *Constant as a reader of Sismondi,* dans *Economics and other branches. In the shade of the oak tree : Essays in honour of Pascal Bridel,* London, Pickering et Chatto, 2014, p. 138.

en lumières celles qui leur avant donné naissance, les secondes s'avilissent par rapport à leurs fondateurs ; les anciens avaient en vue le bien-être des colons et pensaient que les colonies devaient se suffire à elles-mêmes, les modernes les veulent en tout dépendantes des conquérants et pensent seulement au bien-être de la métropole. Et, conclue-t-il, les anciens « apportaient un bienfait aux contrées où ils s'établissaient ; les nôtres une calamité. Les premiers, par leur contact, civilisèrent les barbares ; les Européens modernes ont partout détruit la civilisation étrangère à leurs mœurs, au milieu de laquelle ils sont venus se loger ; ils ont barbarisé (qu'on nous permette cette expression) les peuples qu'ils nommaient barbares [... et] ils se sont barbarisés à leur tour »[31].

Du point de vue de l'organisation sociale et politique également, la différence était immense entre les colonies anciennes et celles de l'Europe moderne. Révisant en partie le modèle de développement smithien, qu'il avait fait sien dans sa jeunesse, à partir des enseignements qu'il a tirés de l'histoire des républiques italiennes, Sismondi constate que les colonies anciennes étaient toutes des cités, qui « répandaient les arts de la vie des villes, la civilisation ». Mais il s'agissait de bourgades, plutôt que de villes proprement dites, car toute leur richesse provenait de l'agriculture. Une agriculture, d'ailleurs, qui était nécessairement très spécialisée, eu égard à l'espace limité de la colonie et à la distribution égalitaire des terres. En outre, dans les colonies des anciens, l'esclavage n'était qu'un accident du droit de la guerre, et c'est pour cela, ajoute Sismondi, « qu'il n'avait pas encore déshonoré le travail »[32]. Toutes ces conditions, comme il l'avait déjà rappelé dans la *Richesse commerciale,* faisaient que la production de l'industrie rurale excédait largement les besoins de ceux qui l'exerçaient et, comme dans son premier écrit, Sismondi met ici aussi en lumière les conséquences sociales qui en découlaient. « Autrefois – écrit-il – le laboureur propriétaire vivait sur la moitié de la semaine ou de la journée, et pouvait en consacrer l'autre moitié au service du

31. *Des colonies des anciens..., op. cit.,* p. 7.
32. *Ibid.,* p. 16.

public ». Bien qu'il y eût fatalement des riches et des pauvres, « les uns et les autres étaient appelés à une exercice habituel de toutes leurs facultés corporelles, mais n'exerçaient pas moins toutes les facultés de leur esprit ». De là s'ensuivait que « le gouvernement d'une colonie participait plus de la démocratie que celui d'aucun autre État » parce que « tous sentaient un intérêt commun, qui se rapportait toujours aux aborigènes. Le commerce avec ceux-ci devait seul nourrir la colonie dans ses commencements ; les moyens de gagner leur amitié, d'obtenir leur confiance, d'établir entre eux et les colons des signes communs, un langage de convention étaient l'affaire de tous, l'intérêt urgent de tous »[33].

La différence avec la colonisation moderne ne pouvait être plus frappante. En exportant dans ces nouvelles possessions les rapports hiérarchiques propres aux monarchies territoriales, les colons modernes ont bâti des empires, et non pas des cités ; ils ont arraché leurs terres aux indigènes, et « maîtres tout à coup d'une immense quantité de terres qu'ils tiennent ou du droit de l'épée, ou d'un achat fait aux actionnaires »[34], ils n'ont ménagé aucun des bienfaits de la nature et les ont exploités sans aucune pensée de l'avenir. De cette manière, partout où les Européens se sont établis, ils ont fini par détruire la civilisation préexistante. Dans un processus d'anéantissement, qui a vu disparaître « d'abord tous les rangs élevés dans la société indigène, puis tous les arts perfectionnés et l'agriculture que pratiquaient avant eux les naturels du pays », pour finir par la race elle-même, ils ont pratiquement fait le désert autour d'eux[35]. D'autant plus que l'isolement où ont vécu la plupart des colons a distendu leurs liens sociaux, et invitait à l'émigration les « esprits les plus indépendants, les plus fiers, les plus indociles » : ceux-ci, moins disposés encore à l'obéissance dans cet État nouveau, « où aucun préjugé ne prête son appui à l'ordre, où aucune habitude n'est enracinée » ont fini pour ne reconnaître « plus d'autres lois que leur propres caprices,

33. *Ibid.*, p. 17.
34. *Ibid.*, p. 14.
35. *Ibid.*, p. 23.

d'autres juges que leur ressentiment ». C'est cette existence solitaire, brutale, violente qui a empêché la colonisation moderne de se conformer à sa mission véritable, c'est-à-dire répandre la civilisation, qui ne saurait advenir quand fait défaut la sympathie avec les autres hommes[36].

Il me semble donc nécessaire de préciser ce que Sismondi entend par civilisation. Loin de la définir comme un ensemble social homogène différencié des autres, Sismondi reste fidèle à la théorie des stades qui était celle des philosophes écossais des Lumières[37]. Il n'y a pas une opposition tranchée entre civilisés et sauvages : on doit plutôt parler de différents stades de civilisation. Par exemple, les Hottentots, exterminés par les Hollandais dans la colonie du Cap, n'étaient pas laids, sales et superstitieux comme on le fait croire aux Européens : ces hommes, au contraire, « avaient fait les premiers pas et les plus importants dans la civilisation, ceux qui rendent faciles tous les autres. Ils étaient entourés d'animaux domestiques, et ils cultivaient la terre »[38]. Mais ce processus historique peut se convertir aussi en projet politique parce que, comme l'histoire européenne le démontre, la civilisation est avant tout le fruit du métissage entre cultures et « races » différentes. Comme il l'avait écrit déjà en 1807, avant d'aborder l'histoire des républiques italiennes, « tous les peuples de l'Europe ont été formés du mélange des enfants dégénérés de Rome, avec les enfants de [...] Scandinavie ; le combat de leurs sentiments, de leurs passions, le mélange de leurs idées, et leur influence réciproque, ont créé les mœurs des Français, des Anglais, des Espagnols, des Italiens. Tous ces peuples ont réuni

36. C'est l'amitié et la sympathie, « ces communications intimes qui pourraient hâter les progrès des peuples moins avancés » : *ibid.*, p. 41.

37. Pour l'influence exercé par William Robertson et John Millar sur Sismondi, voir M. Minerbi, *Introduzione* à J.-C.-L. Sismondi, *Recherches sur les constitutions...*, *op. cit.*, p. 43.

38. *Des colonies des anciens...*, *op. cit.*, p. 37. Dans une page précédente Sismondi avait aussi reconnu le haut degré de perfectionnement atteint par la civilisation aztèque, démontré par la présence de bourgeois, de marchands, de savants. Suite à la conquête espagnole, ils furent tous réduits à la condition de laboureurs, bien que, encore de son temps, « les hommes rouges, qui forment encore une population de 3 676 000 âmes, sont les seuls qui se signalent par leur industrie dans la culture des terres, et leur activité pour l'introduire dans des nouveaux districts » (p. 27).

les deux héritages du Nord et du Midi »[39]. Et l'histoire de l'Italie le confirmait, parce que l'essor de ces républiques était né de la rencontre entre les peuples du Nord, qui ne connaissaient que la liberté sans la patrie et les peuples du Midi qui avaient une patrie sans la liberté[40].

L'essor de la littérature européenne était également le fruit d'un mélange, bien que de nature différente. Comme il l'avait écrit en 1813 dans *De la Littérature du Midi de l'Europe* « c'est l'arabe, qui dans le Moyen Âge, a donné une impulsion toute nouvelle à la littérature »[41]. Et, par conséquent, c'est justement par un chapitre consacré à la « Littérature des Arabes » qu'il ouvrait son traité. C'était à la dynastie abbaside qu'on devait attribuer cette renaissance du culte des lettres et des arts au milieu d'une Europe où mêmes les langues s'étaient barbarisées. Fruit elle-même d'une rencontre des cultures – c'étaient les chrétiens nestoriens enfuis de Constantinople qui avaient transmis aux Arabes les trésors de la civilisation grecque[42] – la littérature arabe eut son plus vif éclat en Espagne (et c'est de là qu'elle a donné naissance à la littérature postérieure de l'Europe méridionale). Mais les Arabes ne se limitèrent pas à enrichir le domaine littéraire et philosophique : leur contribution à la civilisation mondiale a intéressé tous les domaines de la connaissance humaine, de la chimie à la botanique, de l'agriculture aux arts les plus perfectionnés. « Aussi aucune nation civilisée de l'Europe, de l'Asie et de l'Afrique, antique ou moderne – écrivait-il – n'a possédé un code de lois rurales plus sage, plus juste, plus parfait que celui des Arabes d'Espagne ; aucun pays encore ne fut élevé par ses sages lois, l'intelligence, l'activité, l'industrie de ses habitants, à un plus haut degré de prospérité agricole, que l'Espagne maure, et surtout le royaume de Grenade »[43]. La dissemblance avec le monde arabe de son temps était frappante, et Sismondi

39. J.-C.-L. Simonde de Sismondi, *De la vie et des écrits de Paul-Henry Mallet*, Genève, Paschoud, 1807, p. 16-17.
40. *Histoire des Républiques italiennes…*, *op. cit.*, t. I, p. 419.
41. J.-C.-L. Simonde de Sismondi, *De la littérature du Midi de l'Europe*, t. I, Paris, Treuttel et Würtz, 1813, p. 10.
42. *Ibid.*, p. 44.
43. *Ibid.*, p. 71.

n'a pas manqué de la souligner à la fin de ce chapitre : « Que reste-t-il de tant de gloire ? » – se demandait-il, et il concluait : « Dans cet immense étendue du pays, deux ou trois fois plus grand que notre Europe, on ne trouve plus qu'ignorance, qu'esclavage, que terreur et que mort[44]. »

La conquête de l'Algérie avait pour but de renouer avec ce passé glorieux, en associant le monde musulman à l'Europe, de la même façon que le premier avait contribué à la formation de l'identité du Midi de l'Europe. C'était l'association, symptôme de la bienveillance vers autrui, qui faisait marcher en avant la civilisation : la conquête de l'Algérie avait pris au contraire un autre chemin. Qu'il me soit permis de conclure sur ces considérations amères de Sismondi au lendemain de la prise de Constantine. « En fermant votre lettre – écrivait-il le 18 novembre 1837 à Eulalie de Sainte-Aulaire – vous entendiez le canon pour la prise de Constantine. Dès lors, on s'est échauffé sur ce que demandait la gloire de la France, la sûreté d'Alger, le commerce d'Afrique, et personne ne semble avoir pensé aux devoirs contractés envers les Maures, à l'obligation de compenser le mal qu'on leur a déjà fait par un bien réel et durable. Personne n'a dit un mot de leurs droits, personne n'a compris qu'eux n'étaient pas responsables de l'ancienne piraterie de leurs oppresseurs, qu'en eux la soif de l'indépendance est vertueuse et glorieuse, personne, avant de dire comment il faut agir envers eux, n'a songé à se mettre à leur place »[45].

Se mettre à la place d'autrui : une attitude que l'historien avait adoptée pour saisir la pluralité de l'espace européen, et qu'il aurait été vraiment paradoxal d'abandonner quand le regard se tournait vers d'autres, qui aux yeux de cette pluralité, n'étaient pas européens.

---

44. *Ibid.*, p. 74-75. Sismondi dans ce texte survole les causes qui ont provoqué cette décadence, qu'il étudiera plus tard dans son *Histoire de la chute de l'Empire romain* de 1835, en l'attribuant au despotisme : un despotisme, en tout cas, qui était le résultat de l'expansion des conquêtes, mais qui n'était pas le fruit des caractères premiers de la société arabe, ni de sa religion : voir à ce sujet R. Minuti, *L'image de l'Islam…*, *op. cit.*
45. La lettre est publiée dans son *Epistolario*, a cura di C. Pellegrini, t. IV, Firenze, La Nuova Italia, 1951, p. 157.

La colonisation de l'Afrique par les Noirs américains, entre déplacement forcé et migration volontaire :

Henry Highland Garnet et l'African Civilization Society

Claire Bourhis-Mariotti

Dans les trente années qui précédèrent la guerre de Sécession (1861-1865), tandis que la majorité des militants africains-américains, regroupés au sein de Conventions de Noirs, demandait l'émancipation et l'égalité des droits pour tous les Noirs aux États-Unis, un mouvement émigrationniste se fit jour au sein de la même communauté. Alors que les Noirs libres et émancipés devaient faire face à un durcissement des lois régulant leurs conditions de vie, et voyaient leurs rares droits civiques pratiquement réduits à néant, il apparut de plus en plus clairement à ces émigrationnistes qu'ils n'obtiendraient la citoyenneté et l'égalité des droits qu'en quittant le pays qui les avait vus naître. Minoritaires au sein des Conventions de Noirs, ils se réunirent, à partir de 1854, au sein de Conventions pour l'Émigration. Ils envisageaient alors essentiellement d'organiser l'émigration de Noirs libres volontaires vers des destinations « proches » : le Canada, le Mexique, ou les îles caribéennes où l'esclavage avait été aboli. L'Afrique était vue comme trop lointaine et trop « barbare », mais surtout, c'était le lieu qu'avait choisi l'*American Colonization Society* (*ACS*), une société philanthropique fondée en 1816, dirigée et financée par des antiesclavagistes et des politiciens blancs – qui pour la plupart possédaient des esclaves –, pour coloniser, ou plus clairement, déporter, les Noirs libres et émancipés jugés indésirables sur le sol américain.

L'*ACS* avait créé à cet effet la colonie du Libéria, mais ce projet de déplacement contraint avait été massivement rejeté par les Noirs libres. Pourtant, en 1858, le pasteur presbytérien noir Henry Highland Garnet, un émigrationniste qui s'était jusqu'à lors toujours opposé aux projets de l'*ACS*, créa sa propre association, l'*African Civilization Society*, dans le but de promouvoir l'émigration de Noirs libres vers l'Afrique.

Après avoir rappelé les conditions de la création de l'*American Colonization Society* en 1816, et comment ses projets furent accueillis par la communauté noire dans la première moitié du XIXe siècle, ce chapitre s'attachera à analyser les motivations qui poussèrent Garnet à fonder l'*African Civilization Society.* Nous verrons dans quelle mesure cette association, qui partageait l'acronyme de la très controversée *American Colonization Society*, se distinguait et se positionnait par rapport à cette dernière, et quel accueil la communauté noire lui réserva.

Aux origines de la colonisation de l'Afrique : la création de l'*American Colonization Society*

Pendant et juste après la Révolution américaine, alors que les ex-colonies britanniques devenues États nordistes instauraient des dispositions prévoyant l'abolition graduelle de l'esclavage, et que par conséquent les grandes villes accueillaient de plus en plus de Noirs libres, l'on se mit progressivement à juger « inférieurs » ces Noirs, incapables de s'assimiler au sein de la population au sens large et de devenir de vrais citoyens[1]. Même si l'esclavage apparaissait comme une pratique barbare, cruelle et immorale, il n'en restait pas moins que l'on ne souhaitait pas intégrer les populations récemment émancipées – il paraissait inenvisageable de « vivre ensemble », car bien que libres, les Noirs étaient loin d'être égaux aux Blancs. L'idée de se séparer géographiquement des Noirs n'était à l'époque

1. Voir Berlin, I., *Many Thousands Gone: The First Two Centuries of Slavery in North America,* Cambridge : Belknap Press of Harvard University Press, 1998, p. 233-234.

pas « révolutionnaire » ; dès la fin du XVIIe siècle, une loi de Virginie avait exigé que les Noirs émancipés quittent l'État[2], et même au Nord, dès 1714, un résident du New-Jersey avait suggéré que les Noirs émancipés soient renvoyés « dans leur propre pays »[3]. Tout au long du XVIIIe siècle différents projets d'expatriation des Noirs libres et émancipés émergèrent mais restèrent au niveau d'initiatives locales ou privées. La colonisation[4] connut toutefois un regain d'intérêt dans les États du Nord dans la dernière décennie du XVIIIe siècle, avec l'approche de la fin du commerce transatlantique des esclaves (programmée pour le 1er janvier 1808), la proximité d'Haïti et la peur d'une contagion révolutionnaire parmi les esclaves : abolitionnistes et d'hommes d'État voyaient en la colonisation la solution à tous les maux engendrés par la promiscuité avec une population noire libre en constante croissance[5].

Ainsi, un certain nombre de propositions de colonisation des Noirs fleurirent entre 1790 et 1815, des propositions émanant aussi bien de sociétés abolitionnistes ou religieuses (*Union Humane Society, American Bible Society, Society of Inquiry Respecting Missions*, entre autres), que de leurs membres les plus célèbres (par exemple Ferdinando Fairfax en 1790, Benjamin Lundy en 1815), ou encore des institutions gouvernementales comme les Assemblées législatives de certains États (la Virginie notamment)[6]. L'argument selon lequel la colonisation éviterait les insurrections avait déjà été largement invoqué dès les premières nouvelles de la révolution dans la colonie française

2. Cette loi, adoptée en 1691, fut abrogée en 1782. Voir Burin, E., *Slavery and the Peculiar Solution : A History of the American Colonization Society*, Gainesville, University Press of Florida, 2005, p. 176.
3. *Ibid.*, p. 7. Voir aussi Franklin, J. H., *From Slavery to Freedom*, New York : Alfred A. Knopf, 1947, p. 235. C'est l'auteure qui traduit ici et dans le reste de ce chapitre, sauf mention contraire.
4. Nous employons le mot « colonisation » dans son acception américaine au XIXe siècle, c'est-à-dire désignant un mouvement d'émigration forcée des Noirs libres et émancipés au-delà des frontières américaines.
5. Sur les projets de colonisation antérieurs à la création de l'*ACS*, voir Sherwood, H. N., « Early Negro Deportation projects » *The Mississippi Valley Historical Review*, Vol. 2, No. 4 (Mar., 1916) : 484-508.
6 Sherwood, H. N., « The Formation of the American Colonization Society, » *The Journal of Negro History*, Vol. 2, No. 3 (juillet 1917) : 209-228, p. 211-212.

de Saint-Domingue, mais cette conviction se renforça en 1800[7], suite à la tentative avortée d'insurrection de l'esclave Gabriel, véritable traumatisme pour les Virginiens. Thomas Jefferson, alors vice-président des États-Unis, correspondit même avec le gouverneur de Virginie de l'époque, James Monroe, à propos de la possibilité de « déplacer » systématiquement les esclaves rebelles et autres trouble-fêtes noirs hors de l'État[8].

Alors que partout dans le Nord des États-Unis, mais aussi dans certains États sudistes, des individus et des associations se réunissaient pour débattre de la colonisation, c'est à Washington D.C. que ce mouvement se rassembla à l'automne 1816, sous l'impulsion de Robert Finley, un pasteur presbytérien du New Jersey. À son arrivée dans la capitale, lieu stratégique s'il en était pour plaider sa cause auprès des puissants, Finley avait contacté des députés, des membres du gouvernement, le président James Madison, et tous ceux qui se déclaraient ouvertement intéressés par la colonisation[9]. Finley était aussi en contact avec Paul Cuffe, un marchand et un marin noir et l'un des premiers émigrationnistes noirs américains du XIXe siècle. Ce dernier s'était rendu une première fois en Sierra Leone en 1811, à l'invitation d'abolitionnistes britanniques. Envisageant d'organiser une sorte de commerce triangulaire entre les États-Unis, l'Afrique et la Grande-Bretagne, il espérait pouvoir organiser le départ d'émigrés noirs américains – des ouvriers qualifiés – une fois par an vers l'Afrique, mais la guerre de 1812 l'empêcha de mener à bien son projet. Après la guerre, il avait repris la mer pour la Sierra Leone en décembre 1815, accompagné de 9 familles soit 38 Noirs libres, avec le soutien des abolitionnistes noirs américains James Forten, Absalom Jones et Richard Allen. À son retour aux États-Unis, Cuffe, profondément convaincu de la nécessité d'une émigration massive des

7. Voir Jordan, W. D., *White Over Black, American Attitudes Toward the Negro, 1550-1812*, Chapel Hill, University of North Carolina Press, 1968, p. 561.
8. Voir *The Writings of Thomas Jefferson*, Collected and Edited by Paul Leicester Ford, Volume VII, 1795-1801, G.P. Putnam's Sons, The Knickerbocker Press, 1896, p. 457-458.
9. Brown, I. V., *Biography of the Reverend Robert Finley, D. D., of Basking Ridge, N. J. Second Edition, Enlarged*, Philadelphia, John W. Moore, 1857, p. 102.

Noirs vers l'Afrique, entama donc une correspondance avec Finley[10]. Celui-ci était de son côté persuadé que l'Afrique était le lieu idéal pour son projet de colonisation, un projet qui aurait le triple avantage de « débarrasser » l'Amérique de sa population noire « misérable », d'être « bénéfique » à l'Afrique, qui accueillerait une population « partiellement civilisée et christianisée » dans son « propre intérêt », et de profiter aux Noirs américains eux-mêmes, qui y seraient dans « une meilleure situation »[11].

Après que plusieurs réunions informelles eurent lieu dans la Capitale, Finley organisa finalement une grande réunion le 21 décembre 1816, à l'hôtel Davis de Washington, avec l'aide d'un député fédéraliste du Vermont, Charles Marsh. Étaient présents des hommes politiques influents, tels le président de la Chambre des Représentants du Congrès Henry Clay ou le juge et neveu du premier président des États-Unis Bushrod Washington, et des citoyens antiesclavagistes et esclavagistes venus de tout le pays discuter des bienfaits de la colonisation, considérée comme la meilleure solution pour se débarrasser d'une population que l'on jugeait « indésirable » et « dangereuse ». En Afrique, les Noirs ne seraient en contact ni avec les Blancs, ni avec les Indiens, ni avec la population esclave américaine – alors que si la colonisation se faisait dans les territoires de l'Ouest américain, ces contacts tant redoutés auraient irrémédiablement lieu. Paradoxalement, ces colonisationnistes affirmaient que la colonisation permettrait de « civiliser » et « christianiser » l'Afrique grâce à ces mêmes déportés « indésirables et dangereux », qui se chargeraient d'éduquer les « sauvages » Africains. Ils estimaient par ailleurs que rapatrier la population noire qui avait été arrachée à l'Afrique par l'esclavage était un devoir moral pour l'Amérique,

10. Voir Thomas, L. D., *Rise to be a People : A Biography of Paul Cuffe*, Urbana ; Chicago, University of Illinois Press, 1986. Quelques-unes des lettres envoyées par Cuffe à l'ACS entre août 1816 et janvier 1817 sont retranscrites dans le premier rapport annuel de l'*ACS* : *The First Annual Report of the American Society for Colonizing the Free People of Color of the United States ; and the proceedings of the society at their annual meeting in the city of Washington, on the first day of January, 1818*, Washington City : D. Rapine, Capitol Hill, 1818, p. 27-28.

11. Brown, *op. cit.*, p. 99-100.

et avançaient que la colonisation entraînerait l'extinction de l'esclavage aux États-Unis, car selon eux les maîtres seraient plus enclins à émanciper leurs esclaves s'ils savaient qu'ils pourraient les déporter facilement en Afrique. Enfin, dans une moindre mesure, ils prétendaient qu'en créant une colonie en Afrique, en y mettant en place un système commercial non-basé sur l'esclavage entre l'Afrique et le reste du monde, ils contribueraient à l'éradication de la traite[12]. Par conséquent, les colonisationnistes réunis ce 21 décembre 1816 votèrent une résolution favorable à la formation d'une association dont le but serait la déportation des Noirs libres en Afrique ou ailleurs, et mirent en place un comité chargé de présenter un rapport au Congrès, lui demandant d'acquérir un territoire dans ce but. Un autre comité fut chargé de rédiger la Constitution de l'association, et une seconde réunion fut programmée pour le 28 décembre suivant. Ce jour-là, les colonisationnistes réunis dans le Hall de la Chambre des Représentants du Congrès adoptèrent une constitution, créant de fait une association répondant au nom de *The American Society for Colonizing the Free People of Color of the United States* – raccourci quelques années plus tard en *American Colonization Society* – afin de « promouvoir et mettre en œuvre un plan pour la colonisation (avec leur consentement) des Gens de Couleur libres résidant dans notre pays, en Afrique, ou à quelque autre endroit que le Congrès jugera plus opportun »[13].

Les débats autour de la colonisation « forcée » et de l'émigration « volontaire », et l'émergence du mouvement émigrationniste noir

Du côté de la population noire, un timide mouvement émigrationniste existait bel et bien depuis le début du XIXe siècle – nous avons déjà évoqué Paul Cuffe. Mais ce mouvement,

12. Ce sont les arguments principaux évoqués par Henry Clay, Elias B. Caldwell (Secrétaire de la Cour Suprême) et les autres participants à la réunion du 21 décembre 1816. Voir Brown, *op. cit.*, p. 102-114.
13. *First Annual Report, op. cit.*, p. 3.

qui souffrait sévèrement d'une association quasi-systématique avec l'*American Colonization Society* depuis la création de cette dernière, était très loin de faire l'unanimité. Les années 1830, qui virent la naissance de Conventions de Noirs à l'échelle locale et nationale et la radicalisation du mouvement abolitionniste, furent marquées par une opposition plus vigoureuse encore à l'*American Colonization Society* et à sa colonie du Libéria. De nombreux textes publiés à l'époque évoquaient l'existence d'un véritable complot étatique voire national dont le but ultime était supposément d'expulser sommairement tous les « Américains de couleur » vers le Libéria[14].

C'est au cours de la Convention de Noirs de 1847 que les émigrationnistes commencèrent à faire entendre leurs voix plus distinctement. Prenant conscience du fait que le combat des Noirs transcendait les frontières, ces militants s'intéressaient à ce qui se passait alors à Trinidad, en Jamaïque, et évoquaient l'émigration comme une façon alternative d'améliorer leur condition dans l'intérêt de la « race noire », et non plus seulement des seuls Noirs américains[15]. Ce sentiment que tous les Noirs, à l'intérieur comme à l'extérieur des États-Unis, avaient une « cause commune » faisait son chemin, et même Henry Highland Garnet, un militant abolitionniste connu jusque-là pour ses positions radicales et plutôt enclin à défendre l'idée que les Noirs devaient être libres et égaux sur le sol étatsunien, finit par déclarer que l'émigration était une alternative faisable pour ceux qui considéraient que l'amélioration de leur situation était impossible aux États-Unis. Dans une lettre publiée dans *The North Star*[16] en janvier 1849, il alla jusqu'à affirmer que son sentiment à l'égard de la colonisation avait changé, et qu'« être libre au Libéria » était préférable à « être

14. Voir Bourhis-Mariotti C., *L'union fait la force : les Noirs américains et Haïti, 1804-1893*, Rennes, Presses universitaires de Rennes, 2016, p. 58-62.

15. *Proceedings of the National Convention of Colored People and Their Friends, Held in Troy, N. Y., on the 6th, 7th, 8th, and 9th October, 1847*, Troy, NY, Steam Press of J. C. Kneeland and Co, 1847.

16. *The North Star* (l'étoile du Nord, en hommage à l'étoile qui guidait les esclaves dans leur fuite) était un périodique abolitionniste publié par le célèbre et très influent militant noir Frederick Douglass de 1847 à 1851.

esclave aux États-Unis »[17]. Cette nouvelle position lui valut à l'époque de se fâcher avec un grand nombre d'abolitionnistes, mais quelques mois plus tard l'adoption du Compromis de 1850 et du *Fugitive Slave Act* (Loi sur les esclaves fugitifs) qui l'accompagnait porta un coup à la communauté noire, qui envisagea plus concrètement la fuite, tout d'abord vers le Canada où l'esclavage avait été aboli en 1834. Il faut dire que le *Fugitive Slave Act* de 1850 obligeait les fonctionnaires de tous les États à arrêter toute personne suspectée d'être un esclave en fuite et à la restituer à son propriétaire, sans que ce dernier n'ait à en prouver la possession, et punissait sévèrement toute personne aidant un fugitif en lui fournissant des soins ou même de la nourriture. Cette loi abominable eut en outre des effets pervers, en ce qu'elle augmenta considérablement le nombre d'enlèvements de Noirs libres, qui étaient emmenés dans les États du Sud, sans que les kidnappeurs ne soient réellement inquiétés.

Au début des années 1850, les débats émigrationnistes tournèrent ainsi essentiellement autour du Canada. D'autres lieux proches des États-Unis furent aussi évoqués, comme par exemple Haïti ou le Mexique. À l'époque, l'un des plus fervents défenseurs de l'émigration était Martin Robinson Delany. Il était aussi le chantre de la philosophie nationaliste-émigrationniste, qu'il avait théorisée dans son ouvrage intitulé *La Condition, l'Élévation, l'Émigration, et la Destinée des Gens de Couleur des États-Unis, Vus sous un angle politique* paru en 1852. Tout en refusant de quitter le continent américain (au sens large), Delany pensait qu'émigrer au Canada n'était pas une bonne idée car il pouvait facilement être annexé par les États-Unis. Il évoquait plutôt l'Amérique centrale et les Antilles britanniques comme lieu possible d'émigration, indiquant que les Noirs américains pourraient y créer « leur propre nation », et surtout, il insistait sur le fait que les Noirs ne devaient pas se fier aux Blancs, même abolitionnistes, qu'il considérait comme des hypocrites. En d'autres termes, il prônait le séparatisme et l'établissement d'une « nationalité

17. *The North Star*, January 26, 1849, p. 3.

noire », en-dehors de la sphère d'influence des États-Unis[18]. Delany, bien que fermement opposé à la colonisation, était clairement en faveur de l'émigration volontaire, car pour lui elle était étroitement liée à l'idéologie nationaliste qu'il défendait.

Les débats amorcés au sein des Conventions autour de l'émigration se poursuivaient dans la presse noire de l'époque, tant et si bien que les militants noirs explicitement émigrationnistes finirent par se rassembler au sein d'une nouvelle organisation qu'ils baptisèrent « Convention pour l'Émigration » et se réunirent pour la première fois l'été 1854 à Cleveland, dans l'Ohio[19]. Cette première Convention réunit 102 délégués venus de 11 États américains, aussi bien du Nord que du Sud et de l'Ouest du pays, ainsi que du Canada – ce qui tend à prouver, sinon la popularité, du moins l'importance de l'émigration pour les Noirs libres, en cette période de renforcement de l'esclavage et de dégradation de la situation des Noirs aux États-Unis. De nombreuses résolutions encourageant l'émigration furent prises, et l'on entendit bon nombre de discours vantant les mérites de l'émigration comme seul moyen d'« élever la race noire », en assurant sa « régénération politique ». H. Ford Douglas, par exemple, lors d'un discours fleuve, affirma :

> Nous, en tant qu'émigrationnistes, ne sommes pas tout à fait aussi égoïstes que ce monsieur [Langston]. [...] Ce n'est pas d'individus isolés dont nous nous préoccupons, mais du destin de toute une race, et des millions encore à naître, dont nous souhaitons envisager la condition et le bonheur. Nous souhaitons éviter les erreurs de nos ancêtres, qui ont conclu qu'ils ne pouvaient rien faire de mieux que de rester ici [...]. Il est vrai que la race de couleur peut être élevée dans ce pays, si vous appelez la fusion avec la race blanche élévation. – Je préfère l'appeler anéantissement[20].

18. Voir Delany, M. R., *The Condition, Elevation, Emigration, and Destiny of the Colored People of the United States, Politically Considered* (Philadelphia, 1852), New-York, Arno Press, 1968.
19. *Proceedings of the National Emigration Convention of Colored People : held at Cleveland, Ohio, Thursday, Friday and Saturday, the 24th, 25th and 26th of August 1854 ; with a reference page of contents*, Pittsburgh, A. A. Anderson, 1854.
20. « August 27, 1854 Douglass, H. Ford Speech of ... in Reply to Mr. J. M. Langston Before the Emigration Convention at Cleveland, Ohio, » Presscopy, New York Historical Society, Anti-Slavery Pamphlets. *Black Abolitionist Archives*, Doc. No. 15614.

Dans les mois et années qui suivirent, les militants noirs continuèrent à s'affronter de façon virulente aussi bien dans la presse que par le biais des nombreux discours qu'ils prononcèrent au sein des Églises noires ou à l'occasion de rassemblements abolitionnistes. Alors que sans surprise les adversaires de l'émigration accusaient les émigrationnistes d'abandonner leurs frères de couleur et réaffirmaient que les États-Unis étaient aussi bien le pays de l'homme blanc que celui de l'homme noir, les émigrationnistes, quant à eux, répétaient à l'envi que l'homme noir était victime du préjugé de race aux États-Unis, que ce préjugé l'empêchait d'améliorer sa condition, et que la seule solution pour l'élévation de la « race » était l'émigration.

Une deuxième Convention pour l'Émigration puis une troisième se tinrent respectivement en août 1856 à Cleveland et en août 1858 à Chatham, dans le Haut-Canada. Mais chaque fois, les délégués présents échouèrent à trouver un accord concernant un lieu précis d'émigration. Refusant de soutenir une destination en particulier, ils se contentèrent de donner leur « bénédiction » à tous ceux qui envisageaient de quitter les États-Unis. Lors de la Convention de 1858, ils changèrent en outre le nom de leur organisation en « Association pour la Promotion des Intérêts des Gens de Couleur du Canada et des États-Unis », encourageant de cette façon toutes les initiatives ayant pour but l'amélioration de la condition des Noirs, y compris autres que l'émigration. Les « vrais » émigrationnistes perdirent alors un soutien important. Delany obtint néanmoins la création d'une « Commission africaine » pour aller explorer le Niger, mais cette création ne s'accompagna pas d'un soutien financier, le directoire de la Convention n'étant pas disposé à inciter les Noirs à émigrer en Afrique. Henry Highland Garnet, qui cherchait à l'époque lui aussi à financer une mission en Afrique, vit dans le changement de nom de la Convention un mauvais présage, et se détourna de cette nouvelle organisation.

Henry Highland Garnet et la création de l'*African Civilization Society*

Né esclave dans le Maryland en 1815, Henry Highland Garnet échappa à l'esclavage lorsque sa famille, profitant d'une permission spéciale de quitter leur plantation pour aller assister à des funérailles, s'enfuit via le réseau abolitionniste *Underground Railroad* en 1824. Après ses études, notamment au sein de la *Free African School* de la ville de New York où sa famille s'était réfugiée en 1825, Garnet entra dans les ordres et devint en 1842 le premier pasteur presbytérien de l'Église *Liberty Street Negro Presbyterian Church* à Troy, dans l'État de New York, où il s'était installé en 1839[21].

Le jeune Garnet des années 1840 était un abolitionniste radical qui prônait l'action politique, voire l'action directe – c'est-à-dire l'insurrection – en lieu et place de la « persuasion morale » défendue par l'abolitionniste blanc William Lloyd Garrison. Il prononça son plus célèbre plaidoyer incitant les esclaves à reprendre leur liberté lors d'une Convention de Noirs réunie en août 1843 à Buffalo – un plaidoyer à l'époque largement repris dans la presse, notamment abolitionniste. De nombreux activistes noirs s'étaient pourtant opposés à la publication de ce discours, le jugeant trop virulent parce qu'il exhortait les esclaves à exiger leur liberté, et à la prendre de gré ou de force : « Mes frères, levez-vous, levez-vous ! Battez-vous pour vos vies et vos libertés. Aujourd'hui est le bon jour et le bon moment. [...] *Plutôt mourir libres que vivre esclaves*[22]. » Le pamphlet reprenant ce discours fut finalement publié cinq ans plus tard, en 1848. Mais contre toute attente, alors qu'il s'était toujours opposé aux projets de colonisation de l'*ACS*, Garnet prit position en faveur de l'émigration des Noirs vers

21. Simmons, W. J. *Men of Mark: Eminent, Progressive and Rising*, Cleveland : G. M. Rewell & Company, 1887, p. 656-658. Pour une biographie complète de Garnet, voir Schor, J., *Henry Highland Garnet : A Voice of Black Radicalism in the Nineteenth Century*, Westport, Greenwood Press, 1977.

22. Garnet, H. H., *Walker's Appeal, with a Brief Sketch of His Life. And Also Garnet's Address to the Slaves of the United States of America*, New-York, J. H. Tobitt, 1848, p. 97. Italiques comme dans l'original.

le Libéria, le Canada, le Mexique et même les Caraïbes quelques mois plus tard – un nouvel engagement politique qui le marginalisa un peu plus au sein de sa communauté, mais lui fit gagner l'estime d'un certain nombre d'abolitionnistes et colonisationnistes blancs, américains et européens : « Je suis en faveur de la Colonisation dans n'importe quelle région des États-Unis, du Mexique ou de la Californie, ou dans les Antilles, ou en Afrique, n'importe où pourvu qu'elle augure de la liberté et du droit de vote[23]. »

En 1850, Garnet se rendit en Europe, à l'invitation d'abolitionnistes britanniques liés au mouvement *Free Produce*[24]. Ce mouvement qui prônait le boycott des produits fabriqués à l'aide de main-d'œuvre esclave existait aussi aux États-Unis, où il était souvent organisé par des femmes abolitionnistes qui appelaient à boycotter, par exemple, le sucre produit par des esclaves ou les vêtements fabriqués avec le coton produit dans les États esclavagistes. À l'issue de sa tournée en Grande-Bretagne, la branche écossaise de l'Église presbytérienne proposa à Garnet de devenir missionnaire en Jamaïque, alors colonie de la Couronne britannique. Ce dernier, qui rêvait de pouvoir observer de ses propres yeux les conséquences de l'émancipation sur la condition de la population noire, saisit cette opportunité et se rendit donc en Jamaïque en 1852[25]. À son retour aux États-Unis, en 1855, il prit le poste de pasteur de

23. Garnet, H. H., « Colonization and Emigration, » *The North Star*, March 2, 1849, p. 1. La « conversion à l'émigrationnisme » de Garnet fit à l'époque couler beaucoup d'encre, et les historiens s'interrogent toujours à ce sujet. Pourtant, à la lecture de cette publication de 1849, il semble évident que cette « conversion » était directement liée à l'indépendance du Libéria qui avait eu lieu en 1847 et avait profondément impressionné Garnet, le persuadant de l'influence positive de la colonisation sur l'Afrique et la condition noire en général.

24. Comme de nombreux militants noirs américains dans les décennies qui précédèrent la guerre de Sécession, Garnet voyagea en Europe dans le but de tenter de tisser des liens avec les sociétés abolitionnistes européennes, notamment britanniques, et obtenir un soutien moral et financier. Voir Blackett, R. J.M., *Building an Antislavery Wall: Black Americans in the Atlantic Abolitionist Movement, 1830-1860*, Bâton Rouge, Louisiana State University Press, 1983.

25. Voir Schor, J., « The Rivalry Between Frederick Douglass and Henry Highland Garnet », *The Journal of Negro History*, Vol. 64, no. 1 (1979) : 30-38.

l'Église Shiloh Church de la ville de New York, d'où il continua à se battre pour l'abolition de l'esclavage, même si son influence au sein du mouvement abolitionniste avait considérablement diminué, à cause de ses positions marginales plus ouvertement nationalistes et séparatistes, et surtout favorables à la colonisation.

Initialement très impliqué au sein des Conventions pour l'Émigration, il finit par s'en détacher en 1858 ; nombre d'émigrationnistes n'avaient même pas fait le déplacement cet été-là à Chatham, et Garnet, comme Delany, y avait perdu le soutien de ses pairs. Et puis, le changement de nom de l'association annonçait un changement dans ses objectifs et les moyens pour les atteindre. Cette crise majeure au sein du mouvement émigrationniste noir ne passa pas inaperçue. Les colonisationnistes blancs, dont le Quaker Benjamin Coates, l'avaient remarquée et espéraient pouvoir en tirer quelque profit, nourrissant l'espoir que les émigrationnistes déçus accepteraient de s'allier à la branche new-yorkaise de l'*ACS*, la *New York Colonization Society* (*NYCS*). Benjamin Coates était un Quaker abolitionniste de Philadelphie, et membre actif d'un grand nombre de sociétés philanthropiques, convaincu que la meilleure stratégie pour mettre fin à l'esclavage et permettre aux Noirs américains d'améliorer leur condition était la création d'une nouvelle colonie en Afrique de l'Ouest. Il était logiquement proche de l'*ACS*, et particulièrement de sa branche new-yorkaise, qui, depuis que le Libéria était devenu indépendant en 1847, cherchait à créer d'autres colonies dans l'intérieur des terres, en territoire Yoruba. Il était également proche de l'Africain-Américain Joseph Jenkins Roberts, qui avait émigré au Libéria en 1829 et était devenu en 1848 un symbole de réussite de la colonisation en Afrique, après son élection à la présidence de la nouvelle république noire. Coates défendait l'idée que le capitalisme permettrait de mettre fin à la traite et donc à l'esclavage. En effet, dans son ouvrage publié en 1858 intitulé *La Culture du Coton en Afrique, Suggestions quant à l'importance de la Culture du Coton en Afrique, en rapport avec l'Abolition de l'Esclavage aux États-Unis, par le biais de l'Organisation d'une Société pour la Civilisation africaine*, il militait pour une alternative économique à l'esclavage sudiste, à savoir la production de coton en Afrique par de la main-d'œuvre libre[26] : ce coton, qui inonderait le marché mondial, viendrait concurrencer le coton sudiste, rendant sa production moins rentable, ce qui réduirait puis anéantirait le trafic d'esclaves sur le continent africain. Coates estimait que son plan conduirait *in fine* à l'extinction de l'esclavage aussi bien en Amérique qu'en Afrique. Si son ouvrage déplut fortement à certains abolitionnistes immédiatistes radicaux, tel Frederick Douglass, qui rejetaient en bloc la colonisation de l'Afrique, d'autres abolitionnistes, à l'image de Garnet – déjà ardent défenseur du mouvement *Free Produce* et émigrationniste convaincu – adhérèrent sans réserve à ses théories[27]. Restait à trouver l'endroit idéal où installer cette colonie que ces colonisationnistes blancs et émigrationnistes noirs appelaient de leurs vœux. Dans *Cotton Cultivation*, Coates insistait particulièrement sur le territoire Yoruba, et ce n'était pas par hasard.

Thomas Jefferson Bowen, un missionnaire baptiste et membre de l'*ACS*, avait été le premier missionnaire américain à se rendre sur le territoire Yoruba en 1849. À son retour aux États-Unis en 1856, il continua de s'intéresser à la colonisation des Noirs dans cette partie de l'Afrique qu'il chérissait, et publia en 1857 un ouvrage à ce sujet, nommé *Afrique centrale : Aventures et Travail missionnaire dans plusieurs pays de l'intérieur de l'Afrique de 1849 à 1856*[28]. Pour Bowen, non seulement la colonisation résoudrait-elle le problème de la supposée non-assimilation des Noirs libres et émancipés aux États-Unis, mais en plus elle permettrait aux Américains de prendre le contrôle du commerce en

26. Coates, B., *Cotton Cultivation in Africa: Suggestions on the Importance of the Cultivation of Cotton in Africa, in Reference to the Abolition of Slavery in the United States, Through the Organization of an African Civilization Society*, Philadelphia : C. Sherman & Son, 1858.

27. Voir Lapsansky-Werner, E. J., &Bacon, M. H., *Back to Africa: Benjamin Coates and the Colonization Movement in America, 1848-1880*, University Park, PA, Pennsylvania State University, 2005.

28. Bowen, T. J., *Central Africa : Adventures and missionary labors in several countries in the interior of Africa, from 1849 to 1856*, Charleston, Southern Baptist Publication Society, 1857.

Afrique centrale et de créer un vaste empire chrétien noir dans cette zone proche du Soudan, un territoire sous la coupe des Musulmans. Bowen, comme de nombreux autres colonisationnistes, estimait toutefois que les Noirs américains seraient plus aptes que les Blancs à prêcher auprès de leurs frères de couleur, car les Noirs africains ne faisaient généralement pas confiance aux associations et autres missions dirigées par des Blancs. Garnet, qui avait lu le livre de Bowen, invita ce dernier à donner des conférences au sein de son église en 1858. Bowen, un homme blanc, un colonisationniste notoire, s'associait ainsi avec le mouvement émigrationniste noir mené par Garnet, au moment même où la *NYCS*, influencée par Benjamin Coates, affichait clairement sa détermination à fonder une nouvelle colonie en territoire Yoruba[29].

C'est ainsi qu'à l'automne 1858, alors qu'il était en contact avec Bowen, Garnet fut approché par Coates, qui comme Bowen était persuadé que seul un leader noir respecté pourrait convaincre d'autres Noirs d'adhérer à son projet de colonisation. Garnet accepta de se rallier à ce projet, et l'*African Civilization Society* vit le jour en octobre 1858[30]. Presque immédiatement,

---

29. Meyer, L. E., *The Farther Frontier: Six Case Studies of Americans and Africa, 1848-1936*, London and Toronto, Susquehanna University Press, 1992, p. 28-30.
30. Il faut noter ici que ce nom n'avait sans doute pas été choisi au hasard. Une société abolitionniste émigrationniste britannique, nommée justement *African Civilisation Society*, avait vu le jour au début des années 1840. Elle était alors dirigée par Sir Thomas Fowell Buxton (voir Rodriguez, J. P., Ed., *The Historical Encyclopedia of World Slavery*, Vol. I, Santa-Barbara ; Denver ; Oxford, ABC Clio, 1997, p. 115-116). Il se trouve que certains membres de l'*ACS*, dont le Révérend Gurley – que Benjamin Coates connaissait parfaitement –, avaient été en contact avec cette société britannique dès sa création (*Maryland Colonization Journal*, Vol. I., No 2, July 15, 1841, p. 29-30). L'*ACS* avait en effet tenté un rapprochement avec elle, mais sans succès, car les membres de la société britannique, dont le but était d'étendre le christianisme et de mettre fin au commerce des esclaves, méprisaient profondément l'*ACS* dont ils disaient ne pas partager la philosophie (Power-Greene, O. K., *Against Wind and Tide: The African American Struggle against the Colonization Movement*, New York, NYU Press, 2014, p. 80-86). On peut légitimement penser qu'en donnant le nom d'*African Civilization Society* à sa nouvelle société en 1858, Coates pensait pouvoir se rapprocher plus facilement des abolitionnistes britanniques et obtenir ainsi un soutien financier pour son entreprise. Le Révérend Bourne se rendit d'ailleurs en Angleterre dans ce but en 1859, et en revint avec le soutien de la *London Emancipation Society* (*Ibid.*, p. 175-180).

un petit groupe de missionnaires noirs fut envoyé en territoire Yoruba pour négocier un traité avec les leaders africains locaux permettant l'installation de la colonie. Garnet proposa à Bowen de superviser cette mission et la future colonie, mais ce dernier était souffrant et refusa son offre. Il contribua toutefois à sa façon à la réussite de cette colonie en publiant un ouvrage majeur : un dictionnaire de la langue Yoruba[31]. Un traité permettant l'établissement de la colonie fut finalement signé avec les leaders Egba d'Abeokuta, traité qui spécifiait que les futurs émigrés devaient s'engager à se plier aux règles locales et à obéir aux chefs indigènes – ce qui ne manqua pas de soulever une polémique aux États-Unis, comme nous le verrons par la suite[32].

L'*African Civilization Society* : ses valeurs, ses objectifs, ses détracteurs

Une fois l'*African Civilization Society* (*AfCS*) créée, il fallait encore en diffuser les idées, convaincre la communauté noire d'y adhérer, et surtout, trouver des fonds pour financer l'installation de sa future colonie. Pour ce faire, Garnet, en tant que président de la Société, utilisa son église, les vitrines que pouvaient lui fournir les associations abolitionnistes, mais aussi les journaux ; lui et ses partisans intervinrent à l'occasion de nombreux rassemblements de Noirs, dans les groupes de prières, écrivirent des articles vantant les mérites de l'*AfCS*, et correspondirent, via la presse noire et abolitionniste, avec leurs opposants – s'attachant à détailler les objectifs de l'*AfCS* et les moyens qu'elle comptait employer pour les atteindre. Tout d'abord, l'*AfCS* entendait obtenir « L'abolition immédiate et sans condition de l'esclavage aux États-Unis et en Afrique, et la destruction de la traite africaine » des deux côtés de l'Atlantique.

31. Bowen, T. J., *Grammar and dictionary of the Yoruba language :with an introductory description of the country and people of Yoruba*, Washington, D.C., Smithsonian Institution, 1858.
32. Meyer, *op. cit.*, p. 30-31.

Le second objectif déclaré de l'association était « la destruction du préjugé contre les gens de couleur des États-Unis, tout particulièrement dans les soi-disant États libres du Nord ». Plus précisément, il s'agissait d'améliorer la condition des Noirs américains, par le biais de la réussite des missionnaires en Afrique, qui mettrait supposément fin au préjugé racial aux États-Unis. En effet, selon Garnet, c'était le préjugé racial qui empêchait les Noirs d'être égaux aux Blancs aux États-Unis, et non le manque de compétences ou de talent. Partir en Afrique permettrait aux Noirs de montrer toute l'étendue de leurs capacités, loin de l'homme blanc, et donc de prouver que le Noir était égal au Blanc. La troisième préoccupation de l'*AfCS* était « la civilisation de l'Afrique » ; en d'autres termes, elle se faisait fort d'évangéliser, d'éduquer et de faire « progresser » les Africains. Enfin, le dernier objectif que l'*AfCS* s'était fixé, lié aux trois autres, était de rendre leur fierté aux Noirs américains, de leur rendre leur « masculinité », en leur permettant d'œuvrer à la création d'une « nation noire », « indépendante », ce qui permettrait *in fine* d'améliorer la condition de tous les Noirs du monde[33].

Afin d'atteindre les buts qu'elle s'était fixés, l'*AfCS* comptait, premièrement, maintenir les relations amicales déjà établies par ses missionnaires en territoire Yoruba avec les chefs locaux, en envoyant sur place des volontaires « vertueux, intelligents et entreprenants ». Il n'était pas question d'encourager une émigration massive, mais l'émigration choisie d'un groupe de Noirs particulièrement talentueux, courageux, et travailleurs – des « pionniers », selon les propres mots de Garnet. Dans le même temps, l'*AfCS* achèterait des terres cultivables pour permettre à ces pionniers d'installer leur colonie, et leur fournirait le matériel agricole nécessaire à son développement. Bien sûr, ces pionniers construiraient des écoles et des églises, pour « instruire les indigènes » : les émigrés noirs américains, « en enseignant aux Rois et Chefs africains de meilleures choses [que l'esclavage], les inciteront à exterminer la traite et à se

33. « Garnet, Henry Highland », *Weekly Anglo-African*, September 10 & 17, 1859, *Black Abolitionist Archives*, Doc. No. 21014.

lancer dans un commerce légal, et de cette façon contribueront à détruire l'esclavage sur ce territoire et d'autres ». Ainsi, l'AfCS entendait « promouvoir un commerce légal sur la côte africaine, et la culture du coton et d'autres produits tropicaux par une main-d'œuvre libre[34] ». Autant d'objectifs et de moyens fortement inspirés des écrits de Coates et Bowen. Pourtant, Garnet prenait bien soin de prendre ses distances avec l'*ACS*, car il savait que le plus difficile serait de parvenir à convaincre ses pairs que l'*AfCS* n'avait rien à voir avec la méprisée *ACS* :

> Il a été dit que je suis un colonisationniste. Je ne suis pas un colonisationniste. Tout homme qui dit que j'en suis un derrière mon dos est un assassin et un lâche ; tout homme qui ose le dire devant moi est un menteur [...]. [...] L'*American Colonization Society* dit que ceci [l'Amérique] n'est pas le foyer de l'homme de couleur. Je dis que ceci est le foyer de l'homme de couleur, et ceci est mon foyer[35].

Tout en se différenciant de ceux qui prônaient la colonisation pour des raisons racistes, et donc, tout en rejetant toute alliance avec l'*ACS*, il cherchait à rallier à sa cause les Noirs (et Blancs) favorables à l'émigration volontaire pour des raisons philanthropiques, insistant sur les différences idéologiques et structurelles entre les deux organisations, les idéaux chrétiens qu'il entendait défendre, mais aussi sur l'opportunité que l'émigration offrait aux Noirs d'être enfin totalement indépendants des Blancs. Alors que l'*ACS*, dirigée à l'époque par Henry Clay, encourageait la colonisation forcée des Noirs libres et émancipés parce qu'elle voulait débarrasser l'Amérique d'une population indésirable[36], Garnet, qui se définissait lui-même comme un défenseur de « Dieu, de la liberté universelle, de la civilisation africaine, et de la nationalité noire »[37], insistait

34. « Garnet, Henry Highland », *Weekly Anglo-African*, March 17, 1860, *Black Abolitionist Archives*, Doc. No. 22027.
35. *Black Abolitionist Archives*, Doc. No. 21014, *op. cit.*
36. À ce sujet, voir la Constitution et les rapports annuels de l'*ACS*, notamment celui publié au début de l'année 1858 : *Forty-First Annual Report of the American Colonization Society, With the Proceedings of the Board of Directors and of the Society : January 19, 1858*, Washington, C. Alexander, Printer, 1858.
37. « Henry Highland Garnet to Henry M. Wilson, September 27, 1861 », *Weekly Anglo-African*, October 19, 1861.

pour sa part sur la liberté de choix des Noirs qui se rallieraient à son organisation. En créant une nation indépendante, les Noirs américains pourraient enfin se créer un « foyer », se rassembler autour d'une nation dont ils seraient « fiers », et être enfin libres – Garnet, en défendant l'émigration, joua un rôle indéniable dans le développement de l'idéologie nationaliste noire. Alors que les esclaves avaient été forcés de quitter l'Afrique pour un pays où leurs droits et ceux de leurs descendants étaient inexistants ou limités, la colonisation donnait l'occasion aux enfants de ces esclaves de choisir de retourner sur la terre de leurs ancêtres avec le statut d'hommes libres, et de participer de la rédemption, de la régénération politique de l'Afrique. Garnet anticipait même la question des réparations, considérant la colonisation comme une forme de compensation morale, éthique et financière pour la traite, l'esclavage et leurs conséquences sur la condition des Noirs américains. Tentant de rassembler des fonds pour aider les Noirs américains qui se portaient volontaires pour coloniser l'Afrique, Garnet arguait que permettre à ces volontaires de se rendre en Afrique serait une façon pour l'Amérique blanche de solder une partie de ses dettes envers les descendants de ses esclaves :

> Les Églises et le peuple américains ont envers leurs concitoyens d'origine africaine une très lourde dette. Ils ont travaillé dur de génération en génération dans la détresse et la pauvreté ici, et ont nettement contribué à notre grandeur commerciale actuelle. Nous ne devrions pas refuser de les aider maintenant, alors qu'*ils* ont répondu à l'appel du Macédonien[38], poussé depuis les plaines couvertes de palmiers et les fontaines ensoleillées de l'Afrique[39].

38. L'appel du Macédonien est un mythe biblique dont on pense qu'il pourrait être à l'origine de l'établissement de missions au XIXe siècle : « Étant à Troas, Paul dans la nuit, eut une vision. Un Macédonien lui apparut, et fit cette prière : "Passe en Macédoine et viens nous secourir." Paul ayant eu cette vision, nous cherchâmes aussitôt à nous rendre en Macédoine, concluant que le Seigneur nous appelait à y annoncer la bonne nouvelle » (La *Sainte Bible*, Livre des Actes des Apôtres, Chapitre 16, versets 9-10). Voir Zorn J.-F., « L'appel du Macédonien : un mythe biblique fondateur de la mission ? », *Études théologiques et religieuses* 2/2008 (Tome 83) : 249-269.
39. Garnet, H. H., « African Civilization Society, » *The Abolitionist Papers*, microfilm No. 11, Doc. No. 7187.

Bien entendu, la religion et la *Bible* étaient au cœur de la rhétorique du pasteur Henry Highland Garnet, d'autant que l'*African Civilization Society* s'était donné pour but d'évangéliser, d'éduquer, et de civiliser le peuple africain. Les Écritures Saintes étaient d'ailleurs presque systématiquement citées dans les discours et écrits de Garnet, qui préconisait « la diffusion de l'*Évangile* en Afrique », afin de « renverser l'idolâtrie et la superstition », et de permettre « la destruction de la traite africaine, et l'établissement d'un gouvernement civil par des hommes de couleur libres, fondé sur de vrais principes chrétiens »[40]. La pratique religieuse des Noirs aux États-Unis était également au cœur des préoccupations du pasteur, qui considérait que les Noirs, victimes du préjugé de race, étaient entravés dans leur pratique religieuse dans leur pays car le préjugé les empêchait de s'épanouir en tant que chrétiens et d'accomplir le destin que Dieu leur avait réservé.

On l'aura compris, le projet porté par Garnet et l'*AfCS* était à la fois évangélique, nationaliste et commercial, et avait pour but ultime l'amélioration de la condition de l'homme noir aux États-Unis, en Afrique, et dans le monde entier. Pourtant, ce projet ne parvint pas à séduire la communauté noire étatsunienne. À l'image de la Convention de Noirs de la Nouvelle-Angleterre réunie en 1859, les Conventions de Noirs rejetaient presque unanimement l'*AfCS* – même si individuellement certains de leurs membres pouvaient soutenir Garnet –, soupçonnant l'*AfCS* d'être pilotée par l'*ACS*, et accusant Garnet d'encourager une nouvelle forme d'exploitation de la main-d'œuvre noire[41]. Évidemment, même si Garnet clamait son rejet total de l'*ACS*, ses détracteurs avaient quelques raisons de croire que l'*ACS* avait la mainmise sur l'*AfCS*. Le simple fait que Benjamin Coates, un homme que l'on savait proche de la *NYCS*, fût vice-président de l'*AfCS* était une raison suffisante. Le fait que Garnet utilisât indifféremment les termes « émigration » et « colonisation » n'aidait pas non plus à clarifier son propos – tout comme le fait qu'il admette accepter toute sorte

40. *Black Abolitionist Archives*, Doc. No. 22027, *op. cit.*
41. Power-Greene, *op. cit.*, p. 170.

de financements, y compris l'argent qui lui était donné par des Blancs, colonisationnistes ou non[42]. Et puis l'accord signé avec les chefs africains du territoire Yoruba, par lequel les futurs missionnaires noirs s'engageaient à respecter les « coutumes locales », posait problème. En effet, affirmaient ses détracteurs, l'une des coutumes locales était justement la traite et l'esclavage – comment Garnet pouvait-il prétendre vouloir anéantir la traite et l'esclavage en colonisant l'Afrique dans ces conditions ? D'autres, comme le célèbre Frederick Douglass, rejetaient également l'émigration car ils souhaitaient prouver leur loyauté envers les États-Unis et pour eux, rester sur le territoire américain était la meilleure preuve de leur américanité[43]. Garnet, en retour, accusait ceux qui voulaient forcer leurs pairs à rester aux États-Unis d'être aussi irresponsables que les Blancs qui voulaient les forcer à partir, et affirmait qu'il ne fallait pas rejeter la colonisation au prétexte qu'elle était encouragée par des Blancs : « Je partirais sans me préoccuper de savoir si un homme blanc avait dit qu'il fallait partir ou rester. Je crois que certaines personnes n'iraient pas au Paradis si un homme blanc leur disait d'y aller »[44], clamait-il.

Garnet et ses alliés s'évertuèrent à contrer tous ces arguments – et bien d'autres encore – soulevés par leurs opposants lors de leurs meetings et dans les journaux. Sous l'impulsion de Martin Delany, un « supplément à la Constitution de l'*AfCS* » fut même publié en novembre 1861, précisant que « La société n'a pas pour objet d'encourager l'émigration massive, mais aidera seulement les personnes qui seront parfaitement qualifiées et faites pour promouvoir le développement du christianisme, de la moralité, l'éducation, les arts mécaniques, l'agriculture, le commerce, et le progrès en général[45]. » Garnet tentait tant bien

42. Garnet, H. H., *Proceedings of the National Convention of Colored Men Held in the City of Syracuse, N. Y. ... October 4-7, 1864*, Presscopy – Boston Athenaeum – Pamphlet Collection, Black Abolitionist Archives, Doc. No. 27989.
43. Douglass, F., « African Civilization Society », *Douglass Monthly*, February 1859.
44. *Black Abolitionist Archives*, Doc. No. 21014, *op. cit.*
45. *Constitution of the African Civilization Society : Together with the Testimony of Forty Distinguished Citizens of New York and Brooklyn, to the Importance of the Objects. Contemplated by its Friends...*, New Haven, Thomas J. Stafford, 1861, p. 4.

que mal de convaincre la communauté africaine-américaine que, contrairement à l'*ACS*, il ne cherchait pas à déporter massivement la population noire libre en Afrique, mais il échoua à convaincre ses pairs de sa sincérité et de la bienveillance de ses alliés blancs. La communauté noire américaine restait globalement convaincue que l'*AfCS* était en quelque sorte le « pion » ou, pour reprendre les termes utilisés dans la presse noire, la « marionnette » de l'*ACS*.

Conclusion

À l'instar de Benjamin Coates, Martin Delany et d'autres émigrationnistes, Garnet ne soutenait pas et n'encouragea jamais une émigration massive en Afrique. Comme eux, il prêchait pour l'émigration d'un petit nombre de Noirs « talentueux », qui travailleraient pour la rédemption de l'Afrique et la régénération politique de la « race noire » dans le monde entier. L'émigration, l'évangélisation de l'Afrique et l'établissement d'une nationalité noire que Garnet appelait de ses vœux et qui rejoignaient par ailleurs ses idéaux abolitionnistes et chrétiens, permettraient de combattre l'oppression politique et la discrimination dont les Noirs étaient victimes aux États-Unis et dans le reste du monde. En établissant un gouvernement indépendant en Afrique, les Noirs pourraient jouir des droits civiques et civils et du pouvoir politique loin de l'oppression des Blancs. En d'autres termes, en émigrant volontairement, les Noirs américains pourraient créer une nation noire indépendante, choisir leurs gouvernants, et unir socialement et politiquement la communauté noire dispersée par l'esclavage aux quatre coins du globe. Il y avait bien là, dans ce projet de colonisation ou d'émigration volontaire, les prémices du nationalisme noir ; l'*AfCS* s'inscrivait même, comme en attestait l'article premier de sa Constitution, dans un réseau panafricain – ou du moins diasporique – avant l'heure, « L'objet de cette société [étant] la civilisation et la christianisation de l'Afrique, et des descendants d'ancêtres africains dans tous les coins de la Terre, quel que soit l'endroit où ils ont été dispersés[46]. »

Malgré tous les efforts déployés par Garnet entre 1858 et 1862, la colonisation de l'Afrique et l'*AfCS* demeurèrent impopulaires. Par effet ricochet, parce qu'il incarnait des idées trop radicales et controversées, Garnet devint lui aussi très impopulaire au sein de sa communauté. En 1863, sans se désintéresser de la colonisation de l'Afrique, Garnet se préoccupa à nouveau davantage de la condition des Noirs sur le sol étatsunien, et sans doute galvanisé par la publication de la proclamation d'émancipation d'Abraham Lincoln le 1er janvier 1863, comme de nombreux autres activistes noirs, il milita pour le recrutement de troupes noires dans l'armée de l'Union. À la fin de l'année 1864, Garnet avait cessé toute activité au sein de l'*AfCS*, qui ne survécut d'ailleurs pas longtemps à la fin de la guerre de Sécession et à l'émancipation des esclaves. Elle avait pourtant focalisé une partie de ses efforts sur les États-Unis, en finançant notamment la création d'écoles pour les Noirs dans le Nord-Est du pays dès 1863, et en envoyant des enseignants dans les États sudistes pour y éduquer les Noirs récemment émancipés. Mais en 1866, l'*AfCS* dut faire face à de grosses difficultés financières, et elle finit par cesser toutes ses activités en 1869 – ce qui n'empêcha pas sa colonie du Yoruba de se développer[47]. Quant à Henry Highland Garnet, après avoir continué à militer en faveur de l'émigration en Afrique dans les deux décennies qui suivirent l'abolition de l'esclavage, il put finalement accomplir son propre rêve de se rendre en Afrique en décembre 1881, date à laquelle il fut nommé ambassadeur des États-Unis au Libéria. Il décèdera à Monrovia, la capitale de la république noire, quelques mois plus tard[48].

---

46. *Constitution of the African Civilization Society*, *op. cit.*, p. 1.
47. Lapsansky-Werner & Bacon, *op. cit.*, p 117-118.
48. Simmons, *op. cit.*, p. 660.

Après l'esclavage. « Colonisation nouvelle » et méridien impérial en Amérique hispanique (1780-1860)

Clément Thibaud

L'articulation de la Révolution française et des indépendances de l'Amérique hispanique a longtemps été tenue comme une donnée d'évidence par les historiographies libérales du sous-continent qui, dès le XIXe siècle, ont souhaité inscrire l'histoire de ces jeunes républiques dans le grand récit de l'émancipation de l'homme occidental. Miranda, Bolívar, O'Higgins ou San Martín auraient suivi les traces des illustres républicains qui, outre-Atlantique, luttaient pour les Droits de l'Homme. Or depuis 25 ans, cette interprétation diffusionniste a été battue en brèche, et les spécialistes de la question considèrent maintenant la Révolution constitutionnelle de Cadix comme le creuset des émancipations hispano-américaines[1]. Ce virage nécessaire a remis en question le rapport de causalité entre les deux révolutions, et des concepts comme ceux d'« influences » ou de « modèles » ont été battus en brèche. L'attention des historiens se tourne maintenant vers les rapports qui unissent le libéralisme espagnol et celui des Hispano-Américains. Ce tournant gaditan présente cependant un coût heuristique. Il occulte un pan important de l'histoire en déplaçant l'attention sur une chronologie courte (1808-1825), négligeant les deux décennies qui ont précédé la chute de l'empire espagnol d'Amérique,

1. Natalia Sobrevilla Perea et Scott Eastman (dir.), *The rise of constitutional government in the Iberian Atlantic world. The impact of the Cádiz constitution of 1812*, Tuscaloosa, The University of Alabama Press, 2015.

pourtant riche en transformations. Il oublie également le rôle des révolutions de Saint-Domingue et de l'indépendance d'Haïti. Il ne s'agit pas ici de revenir à l'historiographie des années 1980 qui faisaient des réformes bourboniennes l'antichambre des révolutions hispaniques, mais plutôt d'opérer, à partir du nouveau paradigme de Cadix, un ensemble de déplacements chronologiques, thématiques, et géographiques.

C'est ici qu'intervient l'enjeu de la « colonisation nouvelle », qui forme l'un des chapitres encore inaperçus de cet agenda de recherche. *Colonisation* : plusieurs territoires de l'Amérique espagnole voient en effet se développer des tentatives ratées puis réussies de colonisation agraire impliquant des acteurs français ou franco-antillais dès l'époque des réformes bourboniennes, puis au cours des indépendances et ceci jusqu'à la fin du XIXe siècle. De vastes concessions sont accordées par les gouvernements républicains à des entrepreneurs qui en organisent l'exploitation en suscitant l'immigration de travailleurs européens, cultivateurs ou artisans, via des « sociétés de colonisation ». Si, dès la fin du XVIIIe siècle, certains ministres réformateurs péninsulaires, inspirés par la Physiocratie, encouragent ce type d'initiative pour mettre en valeur des régions isolées de l'Espagne métropolitaine et ultramarine, si de tels essais furent tentés ensuite depuis la Grande-Bretagne ou encore la Belgique, la Suisse, l'Italie ou l'Allemagne, les expériences franco-hispaniques se distinguent en ce qu'elles comportent une forte dimension politique. *Colonisation nouvelle* aussi, en ce qu'elle prétend rompre avec l'histoire des empires de Cortès et Pizarro, avec l'esclavage, l'Exclusif et la plantation. Elle répond ainsi aux problèmes spécifiques posés par la période postrévolutionnaire aussi bien en Europe qu'en Amérique hispanique. Sur le Vieux Continent, entrepreneurs et « colons » étaient souvent des républicains, des « bonapartistes », voire des socialistes qui fuyaient les régimes liberticides. Les entrepreneurs s'appuyaient sur de nouveaux savoirs économiques ou sur des projections utopiques qu'ils souhaitaient mettre en pratique. Beaucoup étaient frottés de saint-simonisme ou de fouriérisme, pensant avoir trouvé dans les grands espaces américains autant de territoires vides où renouveler les rapports sociaux sans passer par les convulsions révolutionnaires. Les départs des migrants étaient déterminés par les crises frumentaires, les balbutiements de la question sociale, l'espoir d'une société émancipée des formes les plus accusées de dépendance personnelle. Pour certains gouvernements hispano-américains nouvellement indépendants, l'immigration européenne était facteur de progrès et d'expansion économique, dans un contexte où l'effondrement du cadre impérial obligeait ces États à trouver de nouveaux débouchés commerciaux hors des anciennes métropoles.

En 1848, une gravure satirique de Cham rapproche la colonie du Champ-d'Asile (1818) avec l'Icarie d'Étienne Cabet[2] (1848, figure 1). En les regroupant en une séquence cohérente, la caricature souligne l'unité de ces expériences aux yeux des contemporains, contrairement aux historiens d'aujourd'hui qui privilégient l'approche monographique quand il s'agit d'aborder les entreprises « utopiques ». Avec un talent d'anticipation remarquable, l'image évoque la figure de Victor Considérant, alors même que ce disciple de Charles Fourier n'a pas encore organisé le phalanstère de la Réunion qu'il tenta de bâtir au Texas[3]. Elle suggère aussi une piste intéressante pour la compréhension d'une séquence que l'époque appelait « coloniale ». Le surgissement des premiers socialismes et les mouvements démocratiques liés à la Révolution de 1848 ne forment pas l'arrière-plan unique de ces entreprises. Elles font également suite aux « colonies » agraires de la période antérieure. Celles-ci n'avaient certes pas toujours de but politique explicite mais elles contribuaient à

2. Recueil. Collection de Vinck. *Un siècle d'histoire de France par l'estampe, 1770-1870*. Vol. 112 (pièces 14054-14186), République de 1848. Consulté sur http://gallica.bnf.fr/ark:/12148/btv1b53014150b, le 1er mars 2017. Je remercie Nicolas Terrien qui m'a fait connaître cette caricature.

3. Victor Considérant, *Au Texas !!! ou, Exposé fidèle des hauts faits de science sociale, exécutés par les grandes hommes de la Phalange et de la Démocratie pacifique dans le nouveau monde*, Vaugirard, Impr. d'A. Choisnet, 1856. Dans un opuscule publié en 1854, Considérant confie qu'il a créé dès 1849, en Belgique, une « Société de colonisation Européo-Américaine » (*Ma justification*, Louvain, Imprimerie de Korn Verbruggen, 1854, p. 3). Bruxelles était l'un des hauts lieux des projets de ce type depuis les années 1830 au moins.

dessiner un nouveau monde du travail post-esclavagiste dans certains espaces libérés des anciennes tutelles impériales. Ainsi comprise comme une forme d'émigration organisée, destinée à construire outre-mer des communautés réglées de travail dans des espaces de frontière, la « colonisation européenne » ouvrait la promesse d'un monde de progrès, de liberté et de prospérité pour les plus pauvres, fermant l'époque honnie des premiers empires modernes. En ce sens, l'Amérique latine de Cortès et Pizarro allait devenir l'un des lieux privilégiés d'une régénération qui devait, bien entendu, receler sa part d'ombre.

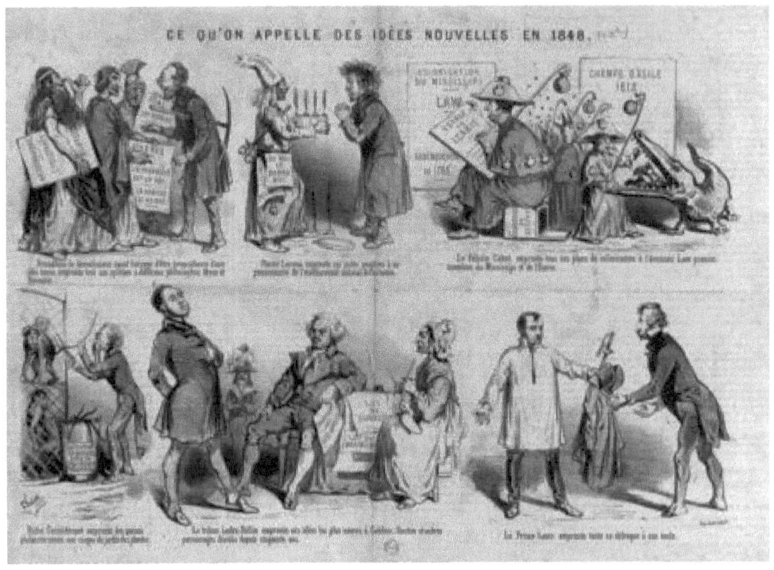

Figure 1. « Ce qu'on appelle des idées nouvelles en 1848 » (Cham, 1848).

Ces entreprises définissent un « arc colonial » qui se ferme au moment où s'affirme la seconde grande phase de la colonisation européenne, dans la seconde moitié du XIXe siècle. Aussi permettent-elles de repenser certains enjeux historiques par une sorte de détour géographique – l'Amérique ibérique et ses marges septentrionales – et thématique – l'émigration européenne et les colonies de travail. Elles contribuent à éclairer trois grands problèmes historiographiques. D'abord, le passage des empires modernes aux empires contemporains. Les indépendances américaines (1770-1830) et les abolitions marquent un coup d'arrêt décisif des premiers avant que de nouvelles formes d'impérialisme n'émergent après 1850, au nom de valeurs progressistes dont nos colonies forment l'un des laboratoires. Ensuite, ces expériences sont liées à l'exil politique postrévolutionnaire et à la genèse du premier socialisme puisqu'il s'agit de résoudre le problème du paupérisme et la question sociale par l'émigration européenne. Il s'agit enfin d'éclairer la genèse des États républicains de l'Amérique espagnole dans leur rapport avec les répertoires progressistes de l'époque mais aussi dans leur dimension « raciale ». L'encouragement des migrations européennes dénote en effet un certain rapport à la modernité, où les populations noires, métisses et indiennes figurent autant d'archaïsmes à dépasser.

Colonies agraires, « nouvelle colonisation » et République

Comment associer les principes de la « colonisation nouvelle » avec la création de « colonies » fondées sur l'agriculture et le travail artisanal ? Il faut commencer par définir ce que l'on entend par ces termes. Soutenue par l'œuvre de Carl Bernhard Wadström, puis par la seconde Société des Amis des Noirs, le programme d'une colonisation nouvelle cherche à réparer, en quelque sorte, les maux des empires modernes dont le mode d'existence aurait été défini par la traite, l'esclavage, l'Exclusif et l'économie de plantation[4]. Pour ce faire, il fallait militer en faveur de formes sociales inédites, fondées sur le refus de la dépendance et de la servitude. Le monde productif reposerait sur le travail libre et la circulation sans entraves des hommes et des marchandises. Ce projet visait particulièrement

4. Une telle description n'est pas nécessairement valide pour tous les premiers empires. Il s'adapte assez mal à la monarchie espagnole, notamment en Nouvelle-Espagne et dans les hautes terres péruviennes, où les populations amérindiennes et métisses restent majoritaires et la plantation de type caribéen inconnue.

les espaces coloniaux, où s'imposait un profond travail de régénération des populations « perverties » par la servitude et la domination européenne. Wadström imaginait, par exemple, la formation de petites colonies agraires constituées par des esclaves affranchis au Sierra Leone[5]. C'était faire d'une pierre deux coups : à la fois émanciper les esclaves et transformer les sociétés africaines. Et peut-être trois, en évitant aux anciens maîtres de vivre aux côtés de leurs anciens esclaves.

En somme, cet idéal ambitionnait une géographie inédite de la liberté grâce à la diffusion mimétique d'un modèle de production fondé sur la liberté du travail. Le projet revêtait ainsi une dimension morale et politique, puisque la liberté du commerce y était considérée comme un facteur nécessaire à la propagation d'une éthique de la production conditionnant une citoyenneté à construire.

De fait, le mot « colonisation » suggère une continuité trompeuse avec le passé. On oublie qu'il s'agit d'un terme nouveau qui émerge en français, comme dans les autres grandes langues européennes, au cours des années 1770. Son usage ne s'affirme qu'à la fin des années 1820 (figure 2). Du point de vue sémantique, le terme incorpore une dimension modernisatrice et ne présente pas de synonymie stricte avec les formes de colonisation européenne initiées par les Ibériques. C'est donc dans un sens qui choque notre compréhension immédiate qu'il faudrait entendre ici les notions de colonie et de colonisation : un système de peuplement et de mise en valeur des terres qui contraste avec celui des empires modernes et n'implique pas nécessairement l'exercice de la souveraineté de la part des sociétés émissaires. C'est aussi un concept qui s'inscrit dans l'horizon historiciste d'un progrès cumulatif. Cette visée abrite une forme de hiérarchisation civilisationnelle qui forme la pierre de touche idéologique des empires contemporains de la fin du XIXe siècle. La colonisation

5. C. B. Wadström, *An Essay on Colonization particulary applied to the western Coast of Africa, with some free thoughts on Cultivation and Commerce also brief Descriptions of the Colonies already formed, or Attempted, in Africa, including those of Sierra Leone and Bulama.*, Londres, By Darton : Harvey, 1794.

ainsi entendue permet de penser le méridien impérial tel que l'a défini Christopher Bayly[6], c'est-à-dire le passage d'un type d'empire à un autre.

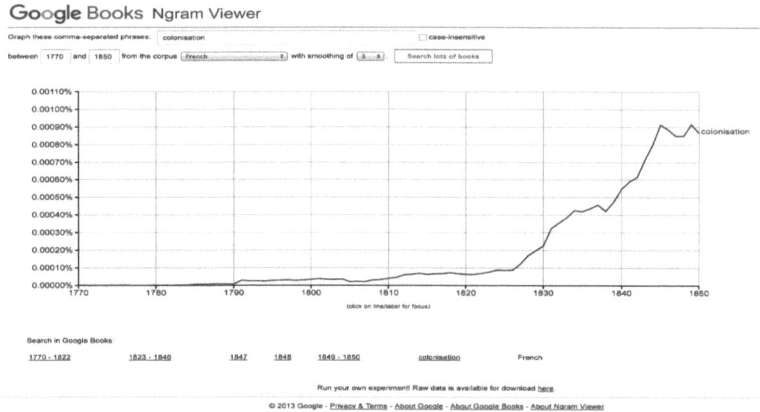

Figure 2. « Colonisation »(1770-1850) - *Corpus* francophone, Ngram Viewer de Google Books

Nos colonies agraires se distinguent des projets plus anciens, comme celui de Law dont rend compte la caricature de Cham, par la mise en relation de certains traits spécifiques. Elles prônent d'abord la liberté du travail comme celle du commerce. Ce sont aussi des projets politiques, que l'intention en soit explicite ou non. Les colonies nouvelles apparaissent comme autant d'expériences exemplaires pour la « société industrielle[7] » à venir. Leur taille réduite n'est pas un argument contre elles. Au contraire, ces entreprises, pour modestes qu'elles soient, doivent permettre la transformation des sociétés où elles sont implantées. Elles portent, par conséquent, l'hypothèse d'une hiérarchie entre les migrants et les populations locales. C'est

6. C. A Bayly, *Imperial meridian: the British empire and the world, 1780-1830*, London-New York, Longman, 1989.
7. On reprend ici le lexique saint-simonien à dessein, qui désigne, par le terme d'industrie, aussi bien les activités agricoles que manufacturières.

pourquoi leur implantation géographique importe, en relation avec cette double visée de régénération et de diffusion du progrès par l'émulation qu'elles doivent susciter au sein des populations locales, jugées arriérées, archaïques. L'activité des colons contraste avec la passivité des sociétés extra-européennes, les premiers devant communiquer aux secondes leur énergie, leur esprit d'entreprise, leur goût de la liberté.

De ce fait, l'Amérique ibérique, devenue indépendante dans les années 1820, constitue un terrain d'expérimentation aussi fécond qu'oublié. Les premiers concepteurs de la « nouvelle colonisation » ne pouvaient insérer le sous-continent dans leurs plans puisque celui-ci était encore placé sous la souveraineté de deux empires qui fermaient l'accès de leurs territoires aux étrangers[8]. Mais leur libération – républicaine dans le cas hispanique, impériale pour le Brésil – allait bouleverser la situation après 1820, et l'Amérique méridionale devenir le support des rêves pour tous ceux qui imaginent alors un monde postcolonial sans esclavage, ni Exclusif, ni économie de plantation. C'est aussi une promesse qui séduit hommes d'affaires et pauvres migrants qui cherchent des terres à cultiver. Elle intéresse aussi tous ceux qui veulent fuir les régimes conservateurs et les entrepreneurs d'utopies. Nous verrons toutefois que ces initiatives colonisatrices ne partagent pas toutes les visées généreuses de l'abbé Grégoire ou de la *Décade philosophique,* de la seconde Société des Amis des Noirs ou de Fourier[9]. Elles eurent recours au travail contraint, et comme elles associaient le progrès matériel, intellectuel et politique à l'émigration venue d'Europe, elles montrèrent souvent de l'indifférence vis-à-vis de la question de l'esclavage et de l'hostilité à l'égard des Amérindiens qui avaient le tort d'habiter les terres à mettre en valeur.

---

8. Ce n'est pas le cas des parties françaises, comme la Guyane. C'est le cas de l'ouvrage du saint-simonien puis fouriériste Jules Lechevalier, qui reprend toutes les idées de la « colonisation nouvelle » : Jules Lechevalier, *Note sur la fondation d'une nouvelle colonie dans la Guyane française…*, Paris, Firmin-Didot frères, 1844.
9. Bernard Gainot, « La Décade et la "colonisation nouvelle" », *Annales historiques de la Révolution française,* 2010, n° 339, p. 99-116.

Commençons par construire une séquence chronologique de ces nouvelles formes de colonisation. Plusieurs cas paraissent construire une *séquence* dont la cohérence apparaît *ex post*, même si des contemporains ont pu noter leurs similitudes. Dans cette perspective, l'organisation des archives de police qui leur sont consacrées montre que, pour le ministère de l'Intérieur français, celles-ci étaient liées. Ces entreprises sont souvent classées à la même cote, et les agents font des rapprochements fréquents entre elles tout persuadés qu'ils sont quelles relèvent de l'escroquerie. Une manière, en les criminalisant, d'en circonvenir les implications politiques.

Deux types d'acteurs ?

L'expérience séminale, si on se limite aux cas associant les deux « empires bourboniens » de la France et de l'Espagne ainsi que les États qui en procèdent, pourrait être le plan de colonisation du Français Philippe Roume de Saint-Laurent pour la mise en valeur de l'île de la Trinité, alors espagnole (1783)[10]. Une origine discutable, comme on le verra, tant cette expérience entre en contradiction avec certains principes de la « colonisation nouvelle ». L'étape suivante est plus sûrement le Champ-d'Asile, au Texas alors mexicain (1818). Vient ensuite le projet de Nouvelle-Neustrie au Nord de la côte des Mosquitos, à l'est de l'actuel Nicaragua. Il voit se développer, de 1822 à 1830, la première tentative de colonisation promue par une société par actions constituée en ce sens. Ces trois entreprises sont liées indirectement par la guerre de course qui s'est développée dans l'espace caribéen au cours des guerres de la Révolution et de l'Empire. Roume, en tant qu'agent du Directoire à Saint-Domingue, eut affaire avec ces marins de toutes nations qui, pour beaucoup, combattirent sous couvert du pavillon français

10. Mémoire de Master 2 en cours à l'université de Nantes de Mathias Maix. Le plan de Roume s'intitule « Réflections (*sic*) sur l'Établissement de la colonie de la Trinité, et moyens de le porter promptement à la perfection », Archivo General de Indias (AGI), Estado, t. 66, n° 1 (1b).

contre la Grande-Bretagne avant de servir les jeunes républiques hispano-américaines contre l'Espagne. Les frères Laffitte, de la Nouvelle-Orléans, à la fois pirates, corsaires, affairistes et espions, soutiennent la colonisation du Champ-d'Asile au Texas. C'est aussi le cas de Louis Aury[11], qui servit longtemps dans la marine des « indépendants », comme on les appelait alors. Quelques années plus tard, l'aventurier Gregor McGregor est à l'origine du projet de la Nouvelle-Neustrie[12]. Lui et les frères Laffitte faisaient partie d'un groupe bigarré, mais durable, de marins et de corsaires qui furent actifs dans l'espace caribéen et atlantique au cours des décennies 1790-1820, faisant le lien entre les révolutions franco-antillaises et hispano-américaines. Ce groupe, étudié en détail par Nicolas Terrien[13], bénéficie des connaissances géographiques, des capacités maritimes et des relations politiques qui leur permirent de s'ériger en concepteurs ou médiateurs des entreprises de colonisation.

Vient ensuite la concession immense du Guazacoalcos[14], près du village de Minatitlán, dans la province de Veracruz, sur la côte atlantique du Mexique. Celle-ci voit débarquer 810 colons, pour la plupart français, partis du Havre sur cinq navires entre novembre 1829 et avril 1834[15]. Située au Mexique,

11. Rapport du vice-roi de Nouvelle-Espagne, Juan Ruiz de Apodaca, 31 août 1819, AGI, Estado, 32, 38 (1).
12. Il est accompagné de Gustavus Hippisley, l'un des volontaires britanniques des guerres d'indépendance au Venezuela (« Intrigues pour la cession, à une compagnie française, d'un territoire désigné sous le nom de Nouvelle-Neustrie. Individus impliqués dans ces intrigues », ANF, F7 6953, dossier 11664). Hippisley n'a pas joué un grand rôle dans les guerres bolivariennes, comme l'atteste son pamphlet contre les « indépendants » : G. Hippisley, *A narrative of the expedition to the rivers Orinoco and Apuré in South America: which sailed from England in November 1817, and joined the patriotic forces in Venezuela and Caraccas*, Londres, J. Murray, 1819.
13. N. Terrien, *Des patriotes sans patrie*, *op. cit.*
14. Le site est aussi appelé Coazacoalcos ou Goazacoalcos.
15. Guy P. C. Thomson, « La colonización en el departamento de Acayucan: 1824-1834 », *Historia Mexicana*, 1974, vol. 24, n° 2, p. 253-298. Cette tentative a donné lieu à une littérature de témoignage de la part de plusieurs de ses participants : Anacharsis Brissot de Warville, *Voyage au Guazacoalcos, aux Antilles et aux États-Unis*, Paris, A. Bertrand (Paris), 1837 ; Pierre Charpenne, *Mon voyage au Mexique, ou, Le colon du Guazacoalco*, Paris, Roux, 1836 ; Charles Dubouchet, *Le Guazacoalco, colonie de MM. Laisné de Villevêque et Giordan : ou les horreurs dévoilées de cette colonie*, Paris, Chez l'auteur, 1830.

la colonie de Jicaltepec est fondée, quant à elle, en 1832-33[16]. L'implantation, étudiée par Evelyne Sánchez[17], se trouve à 150 kilomètres au nord de Veracruz. C'est la première entreprise réussie et durable puisque la communauté accueille près de 670 migrants jusqu'en 1860, même si elle a un caractère sans doute moins organisé que le Guazacoalcos. Les premiers migrants – 37 hommes, 18 femmes, 13 enfants – arrivent en avril 1834, bientôt renforcés par les 98 passagers de *L'Aigle mexicain*, parti du Havre le 19 septembre, « tous cultivateurs, artisans et ouvriers, natifs de la Bourgogne, de la Champagne et de la Franche-Comté, tous engagés comme colons à exercer leurs professions et leurs métiers, pendant 9 ans[18], sur les établissements qui seront fondés par eux à Jicaltepec[19] ». L'entreprise continue à attirer des familles tout au long du siècle, tant et si bien que la France y implante un consulat[20], malgré le scepticisme du ministère français de l'Intérieur, qui associe cette tentative aux deux précédentes :

> Les déplorables résultats de colonisation tentés sur la côte des Mosquitos (Nouvelle-Neustrie), et sur les rives du fleuve Guazacoalcos, sont trop récents pour que l'autorité supérieure puisse fermer les yeux sur les dangers de pareilles entreprises[21].

Nouvelle-Neustrie, Guazacoalcos, Jicaltepec : trois colonies associées dans l'esprit des contemporains. Elles sont encadrées,

---

16. Pour une présentation complète de la société, voir le *Recueil industriel, manufacturier, agricole et commercial, de la salubrité publique et des beaux-arts…*, Bachelier, 1833, p. 85-96. Voir surtout ANF, F7 9335 dossier 10525.
17. Evelyne Sanchez, « Identidad, tierra y conflicto en la colonia francesa de Jicaltepec (Veracruz, México), siglo XIX », *Nuevo Mundo / Mundos Nuevos*, 2012, en ligne, et Noémie Pointeau, « La revitalisation de l'identité française à San Rafael, État de Veracruz, Mexique (1986-2012) », Université Rennes 2, 2015. Voir la monographie très bien documentée de Jean-Christophe Demard, *Émigration française au Mexique*, Langres, D. Guéniot, 1995.
18. « Statuts de la Compagnie franco-mexicaine », article 66, Centre des Archives Diplomatiques de Nantes (CADN), Mexico, 71 s. f.
19. Rapport du vice-consul A. Gloux, Veracruz, 13 décembre 1833, ANF, F/7/9335 dossier 10525, s. f.
20. Les archives de ce consulat se trouvent au Centre des Archives Diplomatiques de Nantes (CADN), Mexico, 71.
21. Rapport de police sur Stéphane Guénot, 13 juin 1833, ANF, F/7/9335 dossier 10525.

en amont, par l'asile bonapartiste du Champ-d'Asile (lui-même associé à celle de Demopolis en Alabama[22]) et, en aval, par les expériences communiste et fouriériste de Cabet et Considérant au Texas et dans l'Illinois[23]. Toutes ces tentatives se déploient sur la trame d'un Atlantique politique polarisé par le contraste entre l'Amérique républicaine et l'Europe monarchique[24]. D'un point de vue chronologique, la période qui va du règne de Charles X au début de la monarchie de Juillet abonde en projets de colonisation. Mais c'est au début du règne de Napoléon III que ces essais aboutiront, grâce au renfort des exilés du coup d'État du 2 Décembre. En 1853, Auguste Brougnes, médecin bigourdan, inaugure la première colonie agraire du Littoral argentin, dans la province de Corrientes. Baptisée San Juan, cette communauté de travail fut la première de la sorte qui n'ait pas de fonction militaire, avec la Nouvelle-Bordeaux, au Paraguay[25]. Ce projet, d'inspiration saint-simonienne, vise à faire d'une pierre deux coups en résolvant la question sociale européenne tout en mettant en valeur les immenses possibilités agricoles de l'Amérique du Sud. L'épigraphe de l'un de ses ouvrages résume bien son ambition : « La colonisation à l'extérieur est, dans les conditions économiques actuelles, le remède le plus efficace du paupérisme[26]. » Brougnes fait partie de ces Français qui, avec

---

22. Eric Saugera, *Reborn in America: French exiles and refugees in the United States and the vine and olive adventure, 1815-1865*, Tuscaloosa, University of Alabama Press, 2011 et Rafe Blaufarb, *Bonapartists in the borderlands: French exiles and refugees on the Gulf Coast, 1815-1835*, Tuscaloosa, University of Alabama Press, 2016.
23. Michel Cordillot, *Utopistes et exilés du Nouveau Monde : des Français aux États-Unis, de 1848 à la Commune*, Paris, Vendémiaire, 2013. Voir également Pierre-Luc Abramson, *Mondes nouveaux et Nouveau monde : les utopies sociales en Amérique latine au XIXe siècle*, Dijon, Les Presses du réel, 2014.
24. Ce contraste est bien sûr très schématique, mais il est central pour beaucoup de libéraux hispano-américains, par exemple. Voir José María Samper, *Ensayo sobre las revoluciones políticas y la condicion social de las repúblicas colombianas (hispano-americanas)*, Paris, Thunot, 1861.
25. Luc Capdevila et Guido Rodriguez Alcala, *Une colonie française au Paraguay. La Nouvelle-Bordeaux*, Paris, L'Harmattan, 2005.
26. Citation attribuée à un certain Cohen, Auguste Brougnes, *Extinction du paupérisme agricole par la colonisation dans les provinces de La Plata (Amérique du Sud)*, Bagnères-de-Bigorre, Typ. de J. M. Dossun, 1855, page de garde.

John Le Long[27], se sont d'abord installés à Montevideo pour y travailler, puis lutter contre le parti blanc d'Oribe dans le cadre de la guerre civile uruguayenne nommée *Guerra Grande* (1839-1851), avant de s'engager dans des entreprises colonisatrices dans l'État de Corrientes avec l'appui de son gouverneur Juan Gregorio Pujol et du président de la Confédération argentine, José Justo Urquiza[28]. Les premières familles arrivent à San Juan en 1855[29]. Le contexte politique et militaire semble alors favorable, avec la fin de la *Guerra Grande* uruguayenne, la défaite du caudillo argentin Rosas à la bataille de Monte Caseros et la contention des nations indiennes[30]. Malgré son échec, Brougnes[31] ouvre un cycle de colonisation interne du territoire argentin qui suscite une très forte immigration de Suisses, d'Allemands,

27. Ce bijoutier devient délégué des Français en Uruguay puis consul général de cette république à Paris.
28. Alexis Peyret, *Une visite aux colonies de la République argentine*, Paris, Société anonyme de publications périodiques, 1889, p. 4-5. Voir les ouvrages d'Auguste Brougnes, *Système de colonisation dans les provinces confédérées de la République Argentine par des familles agricoles européennes. Contrat passé entre M. Brougnes et le gouvernement de Corrientes*, Bagnères-de-Bigorre, impr. de J.-M. Dossun, 1854 et *Extinción del pauperismo agrícola por medio de la colonización en las provincias del Rio de la Plata con un bosquejo jeográfico é industrial*, Paraná, Imprenta del Estado, 1855. John Le Long fut un polygraphe qui publia quantités d'ouvrages demandant, notamment, l'intervention française pendant la *Guerra Grande*. Par exemple : John LeLong, *Intervention de la France dans le Rio-de-la-Plata. Motifs et moyens, etc.*, Paris, 1849.
29. Le nombre souvent avancé est de 160 familles, mais je me demande s'il n'y a pas confusion avec les 160 colons qui se plaignent de l'escroquerie supposée du docteur Brougnes lorsqu'ils débarquent à Montevideo et se rendent compte que rien n'est prêt pour eux (la concession ayant été dénoncée par le gouvernement de Corrientes).
30. Ce n'est pas un hasard si c'est son vainqueur, Urquiza, qui promeut l'émigration européenne, dans le sillage des unitaires, lesquels ont bâti toute une réflexion politique sur le rapport des républiques hispano-américaines avec l'Europe (comme puissance, mais surtout comme culture).
31. « Protestation de 160 colons contre le capitaine (de la *Léonie*) et Mr Brougnes », 24 novembre 1856, CADN, Montevideo, 420, s.f. Le dossier comporte un modèle de contrat d'engagement des colons. « Liste des passagers venus à bord de la *Ville de Grenade*, destinés à la Colonie de Saint-Jean, Province de Corrientes (République argentine) et qui furent abandonnés à Montevideo à l'arrivée du navire », 24 mars 1857, *ibid.* Centre des Archives diplomatiques de Nantes, Montevideo, 420, fol. 337-338.

d'Italiens[32] vers les colonies des provinces d'Entre Ríos, Santa Fe et Corrientes. Le flux ne cesse de se renforcer, surtout après 1858, sous la protection des gouvernements provinciaux et de celui de la confédération[33]. « Gouverner, c'est peupler » : le mot d'ordre d'Alberdi, l'un des artisans de l'unité de l'Argentine après 1853, prend corps. San Juan clôt donc un éventail d'expériences marquées par les tâtonnements et les échecs, alliant préoccupations économiques et projets politiques, pour inaugurer une phase plus pragmatique marquée par la multiplication des entreprises *réussies* et leur massification.

Une séquence « coloniale » entre empires modernes et contemporains

Entrons plus en détail dans la description de chacune de ces entreprises, en essayant de marquer les liens éventuels qui les unissent. Il faut commencer par « l'établissement de la Trinité », conçu et mis en pratique par Philippe Rose Roume de Saint-Laurent. Cet ami de Marat était aussi une relation du comte de Floridablanca, avec qui il partageait le goût des savoirs physiocratiques et une correspondance en français. Ce Créole, natif de l'île de Grenade, était un grand propriétaire esclavagiste avant de devoir quitter ses propriétés quelques années après la conquête britannique. Il joua un rôle très important à Saint-Domingue au cours de la Révolution puisqu'il fut l'un des commissaires chargés de préparer l'annexion de sa partie espagnole, après la signature du traité de Bâle en 1795[34]. Roume fonda un « établissement » à la Trinité, alors espagnole, pour accueillir, parmi d'autres, les colons français chassés des îles des Antilles remises aux Britanniques après la guerre de

32. Michel Cordillot, *Utopistes et exilés du Nouveau Monde, op. cit.*
33. Julio C. Djenderedjian, « La colonización agrícola en Argentina, 1850-1900: problemas y desafíos de un complejo proceso de cambio productivo en Santa Fe y Entre Ríos », *América Latina en la historia económica*, 2008, n° 30, p. 129-157, ici p. 138.
34. Itamar Olivares, « La cession de Santo-Domingo à la France (1795-1802) », *Mélanges de la Casa de Velázquez*, 1994, vol. 30, n° 2, p. 49-75.

Sept-Ans. La colonie n'était pas une préfiguration des principes de la « colonisation nouvelle », puisqu'elle s'adressait à des propriétaires d'esclaves en mal de terres. Nonobstant, si l'on suit le projet de Roume, on y aperçoit certains aspects qui informeront les tentatives postérieures. Rompant avec une anthropologie qui faisait des « Africains » le seul groupe humain apte à accomplir les gros travaux en milieu tropical, le projet du Franco-Antillais parie sur l'immigration européenne, pourvu qu'elle soit catholique (française et irlandaise dans ce cas). Il cherche également à faire de l'établissement un foyer des Lumières et un exemple de nouvelles pratiques culturales, dans l'esprit des savoirs physiocratiques. Les autres sciences ne sont pas négligées, puisque dans l'un de ses mémoires au gouvernement espagnol intitulé *Des avantages que l'Espagne peut retirer des nouvelles Découvertes de Mr. de Marat*, Roume de Saint-Laurent attire l'attention du gouvernement sur les découvertes de son ami à propos de la lumière et de l'électricité[35]. Un autre trait promis à un grand avenir consiste à vouloir aménager les règles du gouvernement local pour les adapter aux usages des colons non-hispaniques. Avec succès, puisque le ministre espagnol José de Gálvez accorde aux Français un « Règlement » particulier, pourvu qu'ils reconnaissent le vasselage du roi d'Espagne et soient blancs et catholiques[36]. La revendication d'un commerce plus libre avec les puissances étrangères[37] annonce l'une des exigences « coloniales » : pas d'agriculture moderne sans débouchés internationaux, contrairement à l'Exclusif des empires modernes. Malgré les difficultés, la colonisation de la Trinité par des colons français, irlandais, maltais, fut un succès, puisque de 1776 à 1797, la population de l'île passa de 3 432 à 17 718 personnes, selon les recensements officiels[38]. En 1802, parmi les libres

35. Aranjuez, 14 juin 1783. AGI, Estado, t. 66, n° 1 (1c).
36. Article 2 et 3, José de Gálvez, Reglamento, San Lorenzo el Real, 24 novembre 1783, AGI, Estado, t. 66, n° 1 (1d).
37. Il ne s'agissait ici que de commercer avec les îles voisines.
38. María R. SEVILLASOLER, *Inmigración y cambio socio-económico en Trinidad, 1783-1797*, Madrid, CSIC, 1988, p. 46.

de l'île, 63,5 % étaient d'origine française[39]. Il faut associer la « colonisation », distincte ici de l'empire, à cette chronologie longue qui commence au moins aux lendemains de la guerre de Sept-Ans. C'est en effet sur la critique des empires modernes, incarnés par l'Espagne et sa légende noire[40], que surgit un nouvel horizon intellectuel et pratique où se définissent les objectifs économiques, culturels et sociaux d'une forme inédite de production, de commerce international et d'expansion européenne. Cet horizon, c'est celui de la colonisation nouvelle.

Le Champ-d'Asile, préfiguration de l'organisation coloniale ?

À ma connaissance, il n'existe pas de lien direct entre la réussite relative de Roume et l'établissement éphémère du Champ-d'Asile. En dépit de tout ce qui les distingue, ces deux expériences s'inscrivent néanmoins dans un contexte intellectuel et politique comparable. Elles s'appuient sur une conception partagée du rôle de l'immigration *organisée* ; elles associent l'entreprise coloniale aux nouveaux savoirs économiques et culturaux dont la Physiocratie et les répertoires libéraux constituent l'origine ; elles se fondent sur l'accueil de réfugiés et d'exilés ; elles ont un rapport similaire au territoire, conçu comme un lieu vide et sans histoire, destiné à la mise en valeur agricole et à l'activité artisanale. Située au Texas, près de la rivière Trinity, dans l'hinterland de Galveston, la colonie du Champ-d'Asile avait pour fonction première l'organisation de l'accueil des exilés de la Seconde Restauration. Ses chefs, les frères Charles et Henri Lallemand, généraux d'Empire, font partie de ces proscrits[41]. La colonie rassemble d'anciens soldats de nombreuses nationalités ayant combattu dans les rangs

39. Linda Newson, « Foreign Immigrants in Spanish America : Trinidad's Colonisation Experiment », *Caribbean Studies* 19, n° 1-2, 1979, p. 133-151, p. 143 et María R. SevillaSoler, *Inmigración... op. cit.*, p. 36.
40. Dont Raynal et Robertson ont fourni les images les plus frappantes pour l'époque, y compris parmi les élites hispaniques des deux mondes.
41. Ordonnance du 24 juillet 1815.

napoléoniens[42]. Cette république nomade forme un établissement agraire et militaire, au caractère éphémère, en 1818.

Le lieu d'installation n'avait pas été choisi au hasard puisqu'il se trouvait dans une zone tampon, à la souveraineté mal définie, entre le Nord de la Nouvelle-Espagne et les États-Unis. La cession de la Louisiane par la France à la grande République du Nord avait ouvert, en effet, un contentieux territorial sur ces espaces de frontière. Le traité de vente ne précisait guère les limites occidentales de l'acquisition nord-américaine. Pour l'heure, l'Espagne y contrôlait ce territoire, dépendant des Provinces internes de l'Oriente, via un système d'accords avec des nations indiennes alliées, parmi lesquelles les Tancahues. Ceux-ci furent mobilisés pour essayer de chasser les intrus, soupçonnés de collusion avec les *Insurgents* mexicains, avant qu'une expédition militaire, commandée par le gouverneur espagnol et partie de San Antonio de Béjar[43], ne parvienne à disperser la colonie[44]. La localisation de l'entreprise au sein d'un « espace neutre », occupé par les Indiens et situé entre deux puissances impériales, est une autre caractéristique que l'on retrouve dans plusieurs entreprises postérieures de colonisation. Le caractère flou de la souveraineté leur convient à merveille car si les colonies ne rejettent pas la souveraineté étatique, elles entendent construire une sphère d'autonomie politique et organisationnelle pour ces communautés de travail et de vie.

Le Champ-d'Asile revendiquait une éthique de la frugalité et du travail, à l'allure très républicaine. Ces valeurs collectives se trouvent résumées dans une adresse de « Lallemand à ses compagnons » qui est intitulée *Mémoire sur l'organisation de la colonie du Champ d'Azile*. Le texte, écrit sans doute par Charles Lallemand lui-même, donne un ensemble de directives sur l'organisation du travail des colons en cohortes, selon des horaires

42. Kent Gardien, « Take Pity on Our Glory: Men of Champ d'Asile », *The Southwestern Historical Quarterly*, 1984, vol. 87, n° 3, p. 241-268.
43. Future San Antonio.
44. Les débris de la colonie se retrouvent à Galveston pour trouver refuge auprès des corsaires. « Virrey sobre aventureros acaudillados por Carlos Lallemand », AGI, Estado, vol. 32, n° 44, fol. 1r.

précis, dans un système communautaire où les gains collectifs sont répartis entre tous.

> La Colonie, essentiellement agricole, sera militaire pour sa défense et sa Conservation. Elle sera divisée en Cohortes. Chaque Cohorte aura un chef qui sera chargé de tenir un registre des individus qui le composent et d'y faire régner l'ordre. Un registre général, formé d'après celui des Cohortes, sera établi chez le Directeur de la Colonie. Les Cohortes seront réunies dans une même enceinte, pour être mieux à l'abri de toute insulte, et pour que chacun vive tranquille, sous la protection de tous. Les circonstances exigeant que tout soit en commun, afin de mieux régulariser l'emploi des ressources et de les appliquer à la prospérité générale, les travaux et les produits seront répartis sur les Cohortes[45].

Le plan du camp, dressé par les Espagnols après la dispersion de la communauté, atteste la minutie de l'organisation « coloniale », malgré la courte durée de l'expérience. La « république » des proscrits de toutes nations s'organise comme un camp militaire, distingué par armes, et doté de toutes les commodités nécessaires à la vie collective : hôpital, magasin de vivres, four à pain, boucherie. Il faut y voir la préfiguration de l'organisation postérieure qui marque les entreprises de colonisation, qu'elles soient spéculatives ou « utopiques », ou, pour mieux dire, politiques. L'organisation communautaire et la répartition des fruits collectifs tendent vers une forme de socialisme. Doit-on y voir dans le Champ-d'Asile l'une des premières expériences de ce type ? Toujours est-il qu'on comprend mieux le rapprochement opéré par la gravure de Cham sur les idées de 1848. Il y a là certains éléments qui lient cette entreprise avec celles qui suivront au Texas sous l'impulsion de Cabet et de Considérant, l'aspect militaire en moins.

---

45. « Mémoire sur l'organisation de la colonie du Champ d'Azile, "Lallemand à ses compagnons" ». CADN, Nouvelle-Orléans, 320.

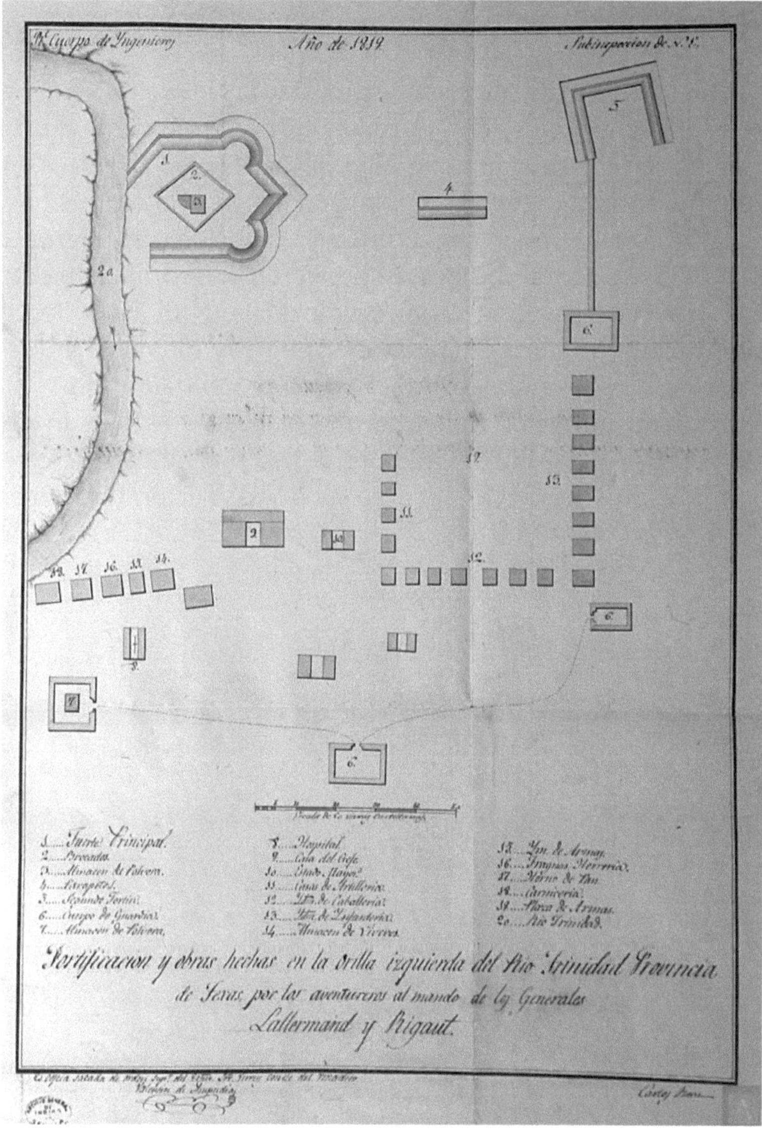

Figure 3. « Fortificación y obras hechas en la orilla izquierda del Río Trinidad, provincia de Texas, por los aventureros al mando de los generales Lallermanda y Rigaut (*sic*)[46] »

46. AGI, Mapas y planos, Mexico, 609.

La Nouvelle-Neustrie

Quelques années plus tard, le projet de la Nouvelle-Neustrie défraie la chronique. Les journaux en parlent comme d'une risible escroquerie, tant et si bien qu'Alexandre Dumas s'en empare pour rédiger son *Capitaine Pamphile,* allant jusqu'à paraphraser le prospectus édité par la société de colonisation pour vanter les mérites du projet[47]. L'entreprise est, il est vrai, montée à l'origine par un escroc de haut vol, par ailleurs aventurier, corsaire et héros des guerres hispano-américaines. L'Écossais Gregor MacGregor prétendait avoir reçu une concession de 30 milles carrées de terres de la main du souverain des Moskitos[48], nation indienne vivant sur la côte orientale du Nicaragua et placée sous le protectorat informel des Britanniques du Belize.

---

47. Chose inaperçue, Alexandre Dumas fait la satire d'une partie du prospectus du chef de la colonie, Lehuby, en la plagiant dans son *Capitaine Pamphile. Cf.* la première pièce justificative du roman intitulée « Constitution de la nation des Mosquitos dans l'Amérique centrale » qui met en scène un certain « Don Gusman y Pamphilos, par la grâce de Dieu, cacique des Mosquitos, etc. ».
48. ANF, F7, 6953, dossier 11 164, dossier envoyé par la police anglaise à leurs collègues français.

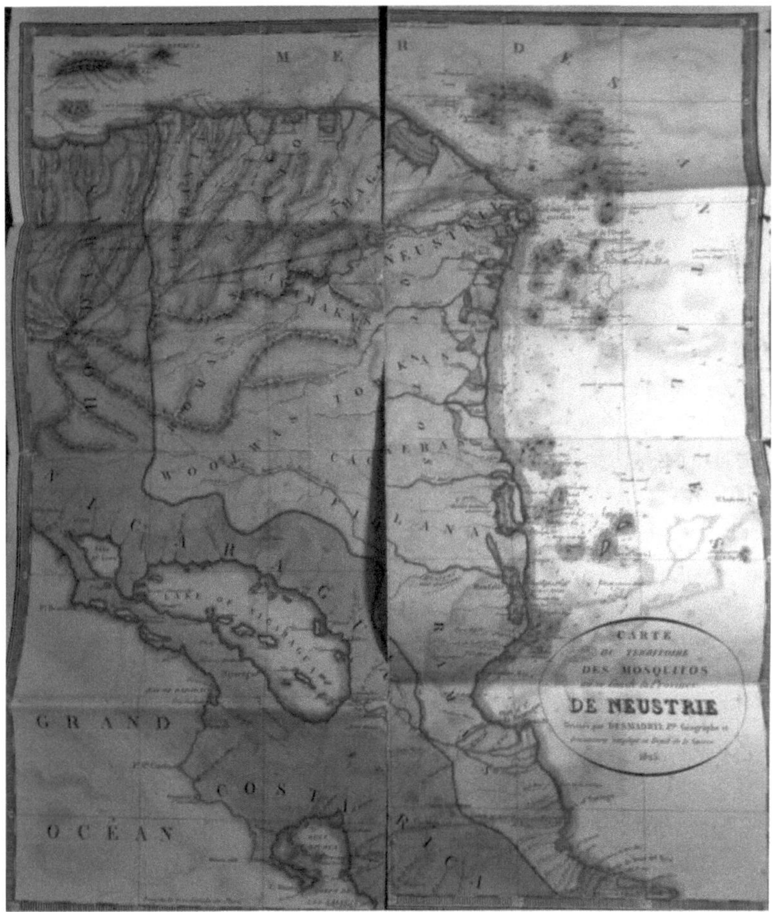

Figure 4. La colonie de Nouvelle-Neustrie (plan)[50].

MacGregor monta une société de colonisation qui vendait ces terres qu'il ne possédait pas tout à fait, en se faisant passer pour le « Cacique de Poyais ». En 1824, il fut condamné par la justice britannique[50]. Il fuit en France, et dès l'année suivante, on

49. ANF, F7, 9334.

50. *Cf.* l'ouvrage anecdotique de David SINCLAIR, *The Land that Never was: Sir Gregor MacGregor and the Most Audacious Fraud in History*, Cambridge,

retrouve sa trace à Paris. Il s'associe à un certain Lehuby, pour relancer l'opération[51]. L'associé français, natif de Coutances, renomma l'opération Nouvelle-Neustrie. Cette fois-ci, la concession soi-disant donnée par les Miskitos mesurait 256 lieues carrées. Lehuby publia un prospectus et fit dans la presse une grande publicité pour louer les richesses de ces terres de cocagne, la salubrité du climat, la fertilité du sol. Dans tous les cas, cette rhétorique de l'abondance irrigue toute la littérature destinée aux futurs colons. Autant d'éléments qui laissent rêveur quand on connaît la situation de cette région insalubre, accablée par la fièvre jaune. Ce contraste entre l'univers de fiction que dépeignent les brochures imprimées par les sociétés de colonisation et la réalité atteste à la fois l'ignorance du public européen sur ces territoires et leur horizon d'attente fondé sur un imaginaire américain, façonné de longue date par les récits de voyage et le discours scientifique des naturalistes comme Buffon ou De Pauw[52]. Le continent est un territoire renvoyé à ses seules qualités naturelles, sans homme ni gouvernement ; l'espace idéal pour l'émigration européenne et la colonisation nouvelle.

La « société coloniale » de Lehuby ouvrit des bureaux de recrutement dans Paris, rue neuve des Augustins, attirant de nombreux chalands (environ 1 500, d'après la police, rien que dans la capitale). Près de 300 familles auraient signé leur engagement dès le mois d'août 1825. La société avait ses statuts, déposés auprès d'un notaire. Lehuby inaugurait de la sorte un montage qui se répéterait par la suite. Les « colons » étaient requis de participer à la constitution du capital « colonial » en acquittant de fortes sommes pour l'achat d'outils, de semences, la construction de lieux d'habitation et de granges, etc. Ils

Da Capo Press, 2003. Voir Edward Codd, *Proceedings of an inquiry and investigation, instituted by Major General Codd, His Majesty's Superintendent and Commander-in-chief at Belize, Honduras, relative to Poyais...*, London, Lawler and Quick, 1824.

51. Lettre au Ministre du Ministère des Affaires étrangères, 5 août 1825. ANF, F7, 9334.

52. Jorge Cañizares-Esguerra, *How to write the history of the New World: histories, epistemologies, and identities in the eighteenth-century Atlantic world*, Stanford, Stanford University Press, 2001.

s'engageaient à travailler pendant 5 années pour défricher et développer la colonie, avant de recevoir 40 acres de terres en pleine propriété. Au cours de ce lustre, leur statut les assimilait à des engagés. Ils devaient travailler selon un plan bien précis sous l'autorité d'une « Administration coloniale » placée sous le commandement d'un chef unique[53]. Ces colons étaient pour la plupart des gens pauvres, artisans, ouvriers, salariés agricoles ou petits cultivateurs. Au fil de la lecture des archives de la préfecture de Police de Paris, qui instruisit le dossier contre Lehuby pour escroquerie, on croise un cordonnier, un maçon, un jardinier, un garçon boulanger, ou un tailleur de pierre qui vend tous ses biens pour partir en Amérique.

Contrairement à ce que l'on croit, l'affaire ne se résuma pas à un projet sans lendemain, ni à une risible escroquerie. Des centaines de personnes partirent sans doute pour la « Nouvelle-Neustrie ». Or, sur place, rien n'était prêt pour les accueillir. Ils furent attaqués par les Indiens Miskitos, censés les accueillir à bras ouverts, et beaucoup moururent de fièvre jaune et d'autres maladies. Certains s'acharnèrent, essayant de défricher des bouts de forêts tropicales. En 1830, le consul de France à La Havane condense en peu de mots le triste épilogue de la Nouvelle-Neustrie :

> (...) 64 malheureux Français une fois jetés sur cette terre étrangère où ils n'ont trouvé que quelques Indiens nus, misérables et vivant comme des sauvages de la chasse et de la pêche n'ont pas tardé à reconnaître qu'ils avaient été trompés indignement par les fondateurs de la Neustrie, et que leurs actes de munificence ou dotation étaient autant de fourberies et de pièces pour les entraîner dans cette malheureuse entreprise[54].

À la même époque, vingt à vingt-cinq familles d'artisans rescapés, chassées par les Miskitos, sont installées par la « République de Centre-Amérique » dans l'île de Hatan, entre

53. *Colonie de la Nouvelle-Neustrie.* Acte fondamental, Paris, Chaignieau fils aîné, imprimeur de la compagnie, rue de la monnaie, n° 11, 1825, articles 3, 4 et 5, ANF, F7 6953.
54. Consul de France au Ministère des Affaires étrangères, La Havane, 18 avril 1830, ANF F7 9334.

Trujillo et Omoa. Elles sont rapatriées en France aux frais du gouvernement français, comme plus tard, en 1836, les rescapés du Guazacoalcos[55]. MacGregor fut poursuivi devant la justice française, mais, faute de preuve, il fut acquitté en 1826[56]. Lehuby, après sa condamnation *in absentia*, se réfugia en Belgique où il se lança dans de nouveaux projets de colonisation. De retour en France, il est arrêté et meurt en prison, au dépôt de Poissy, en avril 1832[57].

Malgré son caractère apparemment fantaisiste[58], il faut prendre l'entreprise de MacGregor et de Lehuby au sérieux puisqu'elle inaugure un cycle mêlant aventure, économie, modernité agricole, géopolitique et projet politique. MacGregor puis Lehuby projettent bien plus que la construction d'un gouvernement « colonial ». Ils cherchent plutôt à créer une sorte de communauté indépendante, rappelant l'idéal phalanstérien et jouissant d'une constitution, au sein d'un espace qu'aucune souveraineté étatique ne revendique. Leur charte reprend sans doute le *Plan of a constitution for the inhabitants of the Indian Coast, in Central America* rédigé dans l'entourage de MacGregor pour la version britannique de l'entreprise[59]. « L'Acte fondamental » de la Nouvelle-Neustrie s'appuie sur un ensemble de valeurs politiques hostiles à la Restauration : internationalisme, tolérance des opinions et des cultes[60]. Le premier prospectus entendait d'ailleurs installer la communauté à l'ouest du Mississippi,

---

55. Rapport de H. Mansion au vice-consul de Veracruz, 1er mai 1831, AMAE, Veracruz, Correspondance consulaire et commerciale, t. 1.
56. *Gazette des tribunaux*, 7 avril 1826.
57. Préfecture de Police de Paris, 22 juillet 1832, ANF F7 9334.
58. L'affaire attire l'attention de Flaubert, qui la note dans ses carnets préparatoires au second volume de *Bouvard et Pécuchet*. Bibliothèque municipale de Rouen, cote g226, vol. 5, fol. 217r, consulté en ligne sur http: / / www.dossiers-flaubert.fr le 26 juin 2017.
59. M. de Villiers, « Une vente de terrain ou Gregor MacGregor, "Cacique des Poyais" », *Journal de la Société des Américanistes*, 1924, vol. 16, n° 1, p. 197-200, ici p. 198. Gregor MacGregor, *Plan of a constitution for the inhabitants of the Indian Coast, in Central America, commonly called the Mosquito Shore*, Edinburgh, Printed by Balfour and Jack, 1836.
60. *Colonie de la Nouvelle-Neustrie*. Acte fondamental, Paris, Chaignie au fils aîné, imprimeur de la compagnie, rue de la monnaie, n° 11, 1825, articles 3, 4 et 5. ANF, F7 6953.

entre la Nouvelle-Orléans et Saint-Louis, une localisation proche de la communauté de Cabet quelques années plus tard. C'est d'abord un projet nord-américain et républicain puisque la Nouvelle-Neustrie, en tant que communauté politique autonome, devait être associée aux États-Unis, dont les lois seraient reconnues. L'entreprise présente d'autres traits communs avec les communautés utopiques postérieures – hormis la différence fondamentale de la propriété individuelle qui devait être accordée aux sociétaires après plusieurs années de travail au service de la colonie.

L'entreprise prétend offrir un asile aux exilés, donner du travail et des terres aux classes pauvres du vieux continent. S'affirme la thématique d'une crise sociale insoluble qui appelle naturellement la colonisation de l'Amérique par la population « surnuméraire » de l'Europe. La pensée qui gouverne ces initiatives est, en ce sens, antirévolutionnaire. Il s'agit d'éviter les commotions politiques que la question sociale ne peut manquer de faire naître. Colonisation : le terme, ici encore, ne signifie pas tant la domination souveraine que la mise en valeur des terres par une force de travail qui, si elle n'est pas employée, produira des révoltes plutôt que des biens et des aliments. Le prospectus de la Nouvelle-Neustrie le dit en ces termes :

> Cette opération offre donc toute *sûreté* ; cette colonie offre donc des *avantages extraordinaires* à quiconque veut en profiter. Elle est dans l'intérêt des gouvernements et des pays encombrés de population, comme la France et la Suisse ; elle rassure les États volcanisés et peut prévenir les révolutions, en ouvrant une voie d'écoulement précieuse, et en présentant un port de salut aux victimes des événements passé et à venir : enfin, quoique appartenant aux États-Unis et gouvernée par ses lois, elle deviendra pour la France une compensation à la perte de ses colonies, en lui apportant les riches productions du Nouveau-Monde en échange de son trop d'habitants. Point de *Colonies,* point de grand *Commerce*[61].

Après sa première localisation nord-américaine, la Nouvelle-Neustrie se déplace vers la côte des Mosquitos, sans que la

61. *Ibid.*, p. 1-2.

nature du projet en soit altérée[62]. L'enquête de police, diligentée en 1825, y insiste : les agents de recrutement mettent en avant les valeurs républicaines dans leur travail prosélyte[63]. Les entreprises de colonisation prennent ainsi, en quelque sorte, la relève des « républiques itinérantes » de marins et de corsaires, comme les nomme Nicolas Terrien[64], au temps des guerres d'indépendance hispano-américaines. La possibilité de forger de nouvelles communautés politiques dans les espaces interstitiels ou isolés ne relève pas nécessairement de la chimère en ces temps où les empires n'avaient pas encore cédé la place aux États-nations[65].

Le « Guazacoalcos »

Le « Guazacoalcos » offre un autre exemple presque contemporain de la Nouvelle-Neustrie qui permet de mieux comprendre le lien qu'entretiennent ces colonies à la fois avec le paradigme de la « nouvelle colonisation » et l'espoir républicain porté par les nouveaux États surgis de l'effondrement de l'empire espagnol en Amérique. Avec près de mille colons venus de France, l'entreprise était d'une ampleur inédite. Elle fut connue de l'opinion à travers la publication de nombreux

---

62. *Dépôt et reconnaissance d'écriture d'un acte de concession sous seing privé faite par S.A.S. le Prince Gregor à la compagnie Coloniale française de la Nouvelle Neustrie.* Signé le 2 avril 1823, M. Février, notaire à Paris. MacGregor se fait passer pour le souverain de « Poyais » avec des conseillers d'État. Il prévoit une assemblée provinciale. MacGregor serait duc de Neustrie et la justice serait rendue en son nom (article 7). Rapport de la préfecture de Police de Paris, 10 août 1825, ANF F7 9334.
63. Préfecture de Police de Paris, rapport du 10 août 1825, ANF, F7, 9334.
64. Nicolas Terrien, *Des patriotes sans patrie. Histoire des corsaires insurgés de l'Amérique espagnole*, Mordelles, Les Perséides, 2015. M. Rafter, *Memoirs of Gregor M'Gregor: Comprising a Sketch of the Revolution in New Grenada and* Venezuela, Londres, J.J. Stockdale, 1820, chapitre IX. Cf. Tulio Arends, *La República de las Floridas, 1817-1818*, Caracas, Academia Nacional de la Historia, 1986.
65. Communication de Nicolas Terrien à l'atelier « Au-delà de l'humanisme civique : les "traditions républicaines" des Suds européen et atlantique », Université de Nantes, 19 septembre 2016.

articles de journaux et de récits écrits par certains colons[66]. Son échec dramatique est bien documenté dans les archives. Son existence eut des conséquences à moyen terme, puisque c'est l'un des rescapés, restés au Mexique, qui donne le prétexte de l'intervention française à Veracruz en 1838, connue dans l'historiographie mexicaine sous le nom de « guerre des gâteaux[67] ». Ce fut aussi l'entreprise qui inspira le plus grand nombre d'articles de presse et de récits, souvent romancés, écrits après coup par des colons. Le Guazacoalcos, comme on l'appelait à cette époque, fut d'abord une initiative mexicaine. Celle-ci s'inscrit dans un contexte continental où les nouveaux gouvernements souhaitent à la fois reconstruire une économie dévastée par la guerre, « régénérer » la société et trouver de nouveaux marchés après la perte –relative – de ceux de l'Espagne. Suivant une idée développée en son temps par Humboldt[68], le gouvernement du Mexique souhaite d'abord organiser le développement du pays autour des mines, sa richesse principale, comptant ensuite sur l'effet de ruissellement vers d'autres secteurs de l'économie. Le ministre Lucas Alamán – qui fut à plusieurs reprises chargé du portefeuille des affaires étrangères de 1823 à 1832 – était le tenant de cette politique dont il constate bientôt l'échec. La désorganisation de la production ne permet pas au secteur minier de relever l'économie, et c'est tout naturellement qu'il se tourne vers l'agriculture. Alamán négocie la reconnais-

66. Parmi les principaux ouvrages : Anacharsis Brissot de Warville, *Voyage au Guazacoalcos, aux Antilles et aux États-Unis*, Paris, A. Bertrand (Paris), 1837 ; Pierre Charpenne, *Mon voyage au Mexique, ou, Le colon du Guazacoalco*, Paris, Roux, 1836. Charles Dubouchet, *Le Guazacoalco, colonie de MM. Laisné de Villevêque et Giordan: ou les horreurs dévoilées de cette colonie*, Paris, Chez l'auteur, 1830. Hyppolite Mansion, *Précis historique sur la colonie française au Goazacoalcos (Mexique)*, Londres, Davidson et Fils, 1831. Parmi les écrits des promoteurs de l'entreprises : Jean-François Giordan, *Réponse au libelle intitulé Précis historique sur la colonie du Goazacoalco, de Hippolyte Mansion*, Paris, Imprimerie de Auguste Auffray, 1831.

67. Ledit rescapé avait ouvert une boulangerie, qui fut pillée lors d'une émeute, donnant lieu à la demande de réparations de la part du gouvernement français, origine lointaine et anecdotique de l'intervention de 1838 à Veracruz, où le général Santa Anna, chargé de la défense, perdit l'une de ses jambes.

68. Alexandre de Humboldt, *Essai politique sur le royaume de la Nouvelle-Espagne*, Deuxième édition, Paris, Chez Antoine Augustin Renouard, 1825.

sance du Mexique en Grande-Bretagne, en France, et dans le reste de l'Europe. Favorable à l'émigration européenne et à la colonisation agricole[69], il suit avec attention les progrès de la colonie[70]. Sa politique est inspirée et soutenue par Tadeo Ortiz, un néo-physiocrate qui croit en la supériorité de l'agriculture sur toute autre activité économique. Ortiz publie une brochure en 1823 pour louer les possibilités de l'Isthme de Tehuantepec. La région est sous-peuplée et riche en terres publiques – les *tierras baldías*. Or celles-ci sont difficilement cultivables, la fièvre jaune et la présence de la forêt tropicale formant des obstacles à leur mise en valeur[71]. La réflexion d'Alamán et Ortiz s'insère dans une pensée géopolitique plus globale : la colonisation des espaces de frontière doit contenir la poussée nord-américaine en direction du nord du Mexique. La Californie, le Texas et le Nouveau-Mexique sont l'objet d'une« colonisation » informelle de la part de ces migrants. L'implantation de communautés agraires dans l'Isthme américain autoriserait aussi la construction du canal interocéanique qui ferait la fortune du pays[72]. L'hypothèse de cette jonction plane sur toutes les entreprises postérieures, expliquant l'intérêt précoce des Français dans cette affaire. La canalisation de l'isthme américain incarne, en réalité, l'une des promesses de la « colonisation nouvelle ». Elle rapprocherait les peuples par la liaison retrouvée de l'Orient et de l'Occident. La globalisation et l'intensification des relations commerciales forment la condition concrète d'une expansion

69. Benjamin Disraeli, *The Present State of Mexico: as detailed in a report presented to the General Congress by the Secretary of State for the Home Department and Foreign Affairs at the opening of the Session in 1825. With notes, and a memoir of Don Lucas Alaman*, Londres, John Murray, 1825.
70. Comme l'attestent deux lettres de sa plume adressée au vice-consul français de Veracruz datées du 24 et 27 avril 1830, ANF F7 9334.
71. José Antonio Echávarri, Mariano Barbabosa et Tadeo Ortiz, *Bases sobre las que se está formando un plan de colonizacion en el ismo de Huazacualco ó de Tehuantepec: para los beneméritos ciudadanos militares y particulares, que busquen un asilo de paz, y quieran dedicarse con utilidad propia y del estado en union de los capitalistas é industriosos estrangeros de todo el mundo á la agricultura : prospecto*, México, Oficina liberal á cargo del ciudadano Juan Cabrera, 1823.
72. CADN, Mexico, 1, Correspondance d'Alexandre Martin, chargé d'affaires, avec la Marine, 12 juillet 1826.

de la paix et de la « civilisation universelle ». L'entreprise se conçoit également comme le dépassement des « archaïsmes » extra-européens grâce à l'insertion de ces espaces en friches dans la sphère économique des puissances nord-atlantiques ; là où la colonisation rejoint une forme inédite d'impérialisme au nom du progrès.

Après une mission sur place conduite en 1825, Ortiz souhaite confier une concession à des Européens dans la région du Coatzacoalcos pour créer une grande colonie agricole. Au départ, il s'agit surtout d'attirer des capitaux européens dans des sociétés de colonisation visant à faire travailler des colons locaux (sans en exclure les étrangers). Une loi de colonisation agraire est votée par le Congrès mexicain dès le 14 octobre 1824. Le chargé d'affaires français, Alexandre Martin, envoyé par Charles X au Mexique pour nouer des relations entre les deux pays, est informé de ces projets. C'est par son biais que le ministère des Affaires étrangères les fait connaître en France[73]. Ortiz est du reste nommé consul du Mexique à Bordeaux en 1829, et, sa fonction l'a sans doute[74] aidé à mettre en place le projet. C'est là qu'il publie en 1832 un ouvrage en espagnol où il fait l'éloge des potentialités économiques de son pays et de l'immigration européenne[75].

Mais pas à n'importe quelles conditions. Les Hispano-Américains, contrairement aux Nord-Américains, étaient réservés quant à l'attribution en pleine propriété de terres aux immigrants. Ils préféraient le système de la concession à des bénéficiaires qui devaient nécessairement jouir de la nationalité du pays d'installation[76]. C'est le cas de François Giordan qui s'est exilé au début des années 1820, sans doute, pour échapper à la justice. Le 3 juillet 1828, le directeur local de la

73. *Ibid.*
74. Cette réserve est liée au fait qu'à ma connaissance son nom n'apparaît pas dans la documentation française.
75. Tadeo Ortiz, *México considerado como nación independiente y libre, ó sean algunas indicaciones sobre los deberes mas esenciales de los Mexicanos*, Bordeaux, Lavalle Sobrino, 1832.
76. La plupart de ces informations proviennent du bel article de Guy P. C. Thomson, « La colonización en el departamento de Acayucan: 1824-1834 », *Historia Mexicana*, 1971, vol. 24, n° 2, p. 253-298.

colonie obtient la concession signée de la main du président López de Santa Anna[77]. La relation entre Ortiz et Giordan donne un bon exemple des liens qui se nouent à cette époque entre républicains hispano-américains et des entrepreneurs français, qui sont souvent des exilés politiques – qu'ils soient républicains, libéraux, bonapartistes, ou socialistes. Car Giordan est une personnalité intéressante, presque représentative, si ce mot a du sens, du monde social et politique d'où proviennent beaucoup d'acteurs de la colonisation agraire. Sans doute originaire de la région de Bordeaux, il milite pour la cause libérale, et n'hésite pas à publier ses réflexions sur l'économie, la société, la politique. Chez lui, l'inspiration saint-simonienne est évidente. Il publie ainsi, dès 1819, un opuscule condamnant le principe de succession. Il y fait aussi l'éloge de Napoléon – comme beaucoup d'acteurs de ces colonies tout au long du siècle. C'est aussi un entrepreneur, qui songe, dès 1827, à créer une « banque de mobilisation et de garantie hypothécaire[78] ». Il prétend avoir découvert un mécanisme assurantiel fondé sur la propriété foncière dans le but d'ouvrir en grand les vannes du crédit industriel. C'est en un mot un esprit original et, sans doute aussi, un escroc. Il fait montre d'opinions très libérales au moment des Trois Glorieuses. Giordan publie alors un long poème intitulé *L'inspiration. Chant ariontique*, célébrant les jours heureux où, enfin, « les Peuples sont rois ».

Dans toutes ces entreprises, l'organisation est bicéphale. Si la direction exécutive de la colonie se situe avec Giordan sur le continent américain, c'est en Europe que se trouvent les « sociétés de colonisation », constituées par les investisseurs et les soutiens financiers. Gabriel Laisné de Villevêque y dirige les opérations depuis Paris. Originaire d'Orléans, ce négociant fut élu député sous la Restauration, sous l'étiquette

77. « Acte de concession à MM. Laisné de Villevêque et Giordan. Traduit de l'espagnol », Hyppolite Mansion, *Précis historique sur la colonie française au Goazacoalcos, op. cit.*, p. 138-140.
78. François Giordan, *Considérations qui ont motivé l'établissement de la Banque de mobilisation et de garantie des créances hypothécaires, et effets probables de cette banque*, Paris, Impr. de L.-B. Thomassin, 1838. Initiative qui se termine par un procès, voir, *Gazette des tribunaux*, n° 4295, 16 juin 1839.

libérale, après avoir été membre du conseil général du Loiret sous le Consulat. Laisné de Villevêque s'intéresse de près aux questions de colonisation, en souhaitant, par exemple, le retour de la Louisiane à la France dans un petit opuscule publié en 1802. Il écrit sur le Sénégal en 1819 et la Bibliothèque nationale de France lui attribue même la fameuse défense, publiée en 1823, en faveur de l'égalité civile des libres de couleur qui valut tant d'ennuis à Cyrille Bissette[79]. Sa position de questeur à la chambre des députés lui permet de défendre son projet « colonial » auprès des gouvernements français et mexicain. C'est à la fois un « capitaliste », un commerçant, et un homme politique du camp libéral, rallié à la monarchie de Juillet, qui bénéficie de vastes connexions au plus haut niveau de l'État. Sa présence assure la crédibilité et l'honorabilité au projet.

Avec Laisné, Giordan, Ortiz et Alamán, nous avons un résumé du contexte idéologique où se construisent les projets coloniaux : des milieux libéraux, parfois républicains, sensibles à la question de la modernisation économique, frottés, du côté français, de saint-simonisme ou sensibles aux idées socialistes. À l'image de Giordan, la colonie rassemble beaucoup de militants cherchant un sort meilleur et une terre pour réaliser leurs idéaux. Le géomètre de la colonie, un certain Foudriat, est un ancien combattant philhellène[80]. Suivant l'exemple de son père qui fut le chef du parti girondin, Anacharsis Brissot de Warville, laisse l'un des témoignages les plus complets, et les plus romancés sur son expérience mexicaine. Il y insiste sur ses services dans les armées impériales, dont il ne se cache pas de tirer gloire[81]. Son aversion pour la dynastie des Bourbons est évidente. Un parfum bonapartiste et républicain, et, au moins libéral, flotte sur cette entreprise comme sur les autres.

Il existe une relation directe entre les idées et les acteurs de la « colonisation nouvelle » et l'entreprise du Guazacoalcos,

---

79. Gabriel-Jacques Laisné de Villevêque, *De la situation des gens de couleur libres aux Antilles françaises*, Paris, impr. de J. Mac-Carthy, 1823.
80. Hippolyte Mansion au vice-consul de France, Veracruz, 10 mars 1831, ANF, F7 9334.
81. Anacharsis Brissot de Warville, *Voyage au Guazacoalcos, aux Antilles et aux États-Unis*, Paris, A. Bertrand (Paris), 1837.

par l'intermédiaire de son chef, Gabriel Laisné de Villevêque, et de l'un des acteurs principaux de l'aventure, l'abbé Baradère. Le premier participe, par exemple, à la Société française pour l'abolition de l'esclavage qui naît au moment du fiasco du Guazacoalcos. C'est un abolitionniste qui imagine de nouvelles formes de colonisation progressistes, sans esclavage ni exclusif. Le second offre une caution intellectuelle et scientifique à l'entreprise mexicaine. Lorsqu'il s'agit de répondre aux accusations d'escroquerie ou aux critiques des colons, Baradère n'hésite pas à publier de longues réfutations invoquant l'autorité des savants[82]. C'est lui qui fut envoyé à Mexico par Laisné pour signer le contrat de concession en son nom avec le gouvernement mexicain en 1827[83]. Attiré par les antiquités mexicaines, ce lecteur de Humboldt est l'un des premiers scientifiques à s'intéresser de près aux ruines mayas de Palenque. Il obtient même l'autorisation, exceptionnelle pour un étranger, d'y mener des fouilles[84]. Cela lui permet de publier l'un des premiers ouvrages archéologiques sur le passé précolombien de la péninsule du Yucatán. Comme Laisné de Villevêque, Henri Baradère était surtout un ami proche de l'abbé Grégoire, dont il partageait les opinions. Il fut, avec Mgr de Quélun, l'un des rares témoins de son agonie et en laissa témoignage[85]. Laisné de Villevêque fut désigné exécuteur testamentaire de l'évêque de Blois : une confiance qui traduit une communauté de pensée. Baradère croyait, comme son associé, à la fin des empires modernes. Il s'engagea dans le Guazacoalcos en pensant œuvrer à la fois pour le retour de la France sur la scène internationale et une forme nouvelle d'expansion européenne assise sur la diffusion de la liberté individuelle et commerciale.

---

82. Henri Baradère, *Réponse de M. l'abbé Baradère à la brochure de M. Dubouchet sur le Guazacoalco*, Paris, Impr. Tastu, s. d.
83. Paul N. Edison, « Colonial Prospecting in Independent Mexico: Abbé Baradère's *Antiquités mexicaines* (1834-36) », *Proceedings of the Western Society for French History*, 2004, vol. 32, p. 195-215.
84. Henri Baradère, *Antiquités mexicaines*, Paris, Au bureau des antiquités mexicaines, 1834.
85. Jean Tild, *L'abbé Grégoire*, Paris, Nouvelles Éditions Latines, 1946, p. 120-121.

La tentative eut un profond retentissement en France, en raison de son échec dramatique – la liste des décès parmi les colons est impressionnante – mais aussi des espoirs qu'elle suscita aussi bien parmi les classes populaires qui s'y engagèrent que chez certains réformateurs sociaux. Le grand Fourier lui-même mentionne l'expérience pour en critiquer le caractère irréaliste[86]. Cet intérêt n'était pas le fruit du hasard puisque la colonie, comme les précédentes, posaient la question d'un modèle communautaire de travail et d'existence où reposer les bases de la vie sociale. Laisné de Villevêque tenta même de céder la concession à Fourier, qui cherchait alors un lieu où établir sa phalange d'essai[87]. Plusieurs traits de l'expérience mexicaine expliquent l'intérêt des premiers socialistes pour ce type de colonie.

Si la société de colonisation du Guazacoalcos obéissait avant tout à des objectifs commerciaux, elle n'en était pas moins une entreprise politique où cherchaient à s'inventer de nouvelles formes d'activités et de mise en valeur des ressources. Elle s'appuyait sur une organisation communautaire du travail où, à la manière d'un phalanstère, les rythmes sociaux étaient l'objet d'une attention scrupuleuse, en théorie, du moins. Comme le précise Jean-Christophe Demard, la colonie du Guazacoalcos distinguait deux types de colons, salariés et non salariés par la colonie. Le défrichement était à la charge des premiers, nommés « planteurs », qui œuvraient dans des ateliers de 25 personnes. Les chefs de ces derniers étaient élus par les colons et portaient le nom de piqueurs. Au bout de six ans au service de la colonie, les planteurs devaient recevoir en pleine propriété 15 hectares ; les artisans, un hectare. Des installations collectives – dispensaire, bibliothèque – étaient prévues. Les cultures faisaient l'objet d'un règlement strict, « l'organisation coloniale » étant

86. Charles Fourier, *Pièges et charlatanisme des deux sectes Saint-Simon et Owen : qui promettent l'association et le progrès…*, Paris, Bossange père, 1831, s. p., « Énigme du mécanisme sociétaire ».

87. Jonathan Beecher, *Charles Fourier: the visionary and his world*, Berkeley, University of California Press, 1987, p. 457-58 et Pierre-Luc Abramson, *Mondes nouveaux et Nouveau monde : les utopies sociales en Amérique latine au XIXe siècle*, Dijon, Les Presses du réel, 2014, p. 31.

chargée de la transformation et de la commercialisation des denrées produites[88]. Bien évidemment, rien de cette belle organisation n'existait lorsque les premiers immigrants arrivèrent dans la bourgade de Minatlán, dans l'État de Veracruz.

La composition sociale des colons ne pouvait qu'attirer également l'attention des réformateurs sociaux. Elle était la même que celle de la Nouvelle-Neustrie : comme il s'agissait de créer une nouvelle communauté, on se déplaçait en famille. Femmes et enfants étaient nombreux. Les listes des embarqués au port du Havre nous permettent d'avoir une idée précise sur l'identité sociale et géographique des migrants. Un tableau synthétisant les informations sur 73 rescapés revenus à Brest sur une gabare affrétée par le gouvernement français fournissent aussi de précieuses informations[89]. Les colons étaient cultivateurs et ouvriers agricoles (38 %), artisans (35 %), ouvriers (13 %), domestiques (8 %)[90]. Ils venaient de Paris et de sa région (57 %), d'Ardèche, de la Drôme et du Vaucluse (23 %), de Bourgogne (11 %)[91]. La surreprésentation des artisans, curieuse pour une colonie agricole, est attestée par le rapport d'un témoin au vice-consul de Veracruz :

> Les Français, qui sont dans les environs, commencent à s'y trouver occupés. Quelques charpentiers y ont une occupation suivie. Des bijoutiers s'y emploient aussi. Plusieurs colons espèrent monter des distilleries d'eau-de-vie et des raffineries. Enfin, des serruriers ont construit des forges, des menuisiers y sont établis. Ces ouvriers laborieux sont estimés et recherchés dans les lieux qu'ils habitent[92].

Alliant les idées libérales, l'organisation communautaire et le souci de donner du travail aux plus pauvres, le Guazacoalcos s'inscrit dans l'horizon de la « colonisation nouvelle ». Il est

88. Jean-Christophe Demard, *Émigration française au Mexique*, Langres, D. Guéniot, 1995, p. 14-17.
89. Vice-consul de Veracruz au Ministre des Affaires étrangères, 7 octobre 1831, AMAE, Veracruz, CCC, 1.
90. Données arrondies portant sur 37 cas.
91. Données arrondies portant sur 35 cas.
92. Rapport de M. Mansion au vice-consul de Veracruz, 1er mai 1831, AMAE, Veracruz, CCC, 1.

également tangent aux valeurs du socialisme dit utopique et nul doute que l'échec de cette entreprise ait suscité l'attention des militants qui allaient bientôt tenter l'aventure au Texas.

Jicaltepec

On retrouve les mêmes coordonnées intellectuelles et un type de sociabilité comparable dans la première entreprise colonisatrice qui fut couronné d'un certain succès. La colonie de Jicaltepec au Mexique, dans l'État de Veracruz, fut fondée en 1833 (figure 5). Les colons connaissaient bien le précédent du Guazacoalcos, dont les derniers réfugiés avaient été rapatriés deux ans auparavant, et ils ne voulaient en aucun cas répéter ces erreurs. Le vice-consul de France à Veracruz, inquiet d'un nouveau fiasco meurtrier, leur écrit un an après la fondation, mais il reçoit une pétition enthousiaste des migrants pour toute réponse[93]. Le prospectus présentant la colonie de Jicaltepec reprenait un argumentaire désormais bien rodé, réfutant la vocation minière du Mexique, louant les ressources infinies d'un pays « encore dans l'enfance », « vierge sur toute son étendue[94] ». La rhétorique qui entoure ces projets prolonge la « controverse du Nouveau Monde », du XVIIIe siècle, au cours de laquelle le débat fit rage sur la nature du continent américain. S'agissait-il d'un espace vide, riche de possibilités et de ressources, ou une configuration historique et sociale ? Nos projets coloniaux se plaçaient du côté des premiers, dans la lignée de Buffon et de Pauw. C'est pourquoi ils sous-estimaient systématiquement la présence des Amérindiens, si ce n'est comme entrave au libre déploiement spatial et temporel d'une « société civile migrante[95] ». Un oubli lourd de sens et de conséquences.

---

93. « Les Colons de la Compagnie Franco-Mexicaine, à Monsieur le Consul Français à Veracruz », 1er février 1834, ANF F7 9335, dossier 10525.
94. « Compagnie franco-mexicaine. Prospectus », s. d. (1832), *ibid.*
95. La notion est suggérée par Bénédicte Fortin, *De la France vers l'Uruguay (1839-1865). L'ambition d'une société civile migrante*, Master 2 de l'université de Nantes, 2009.

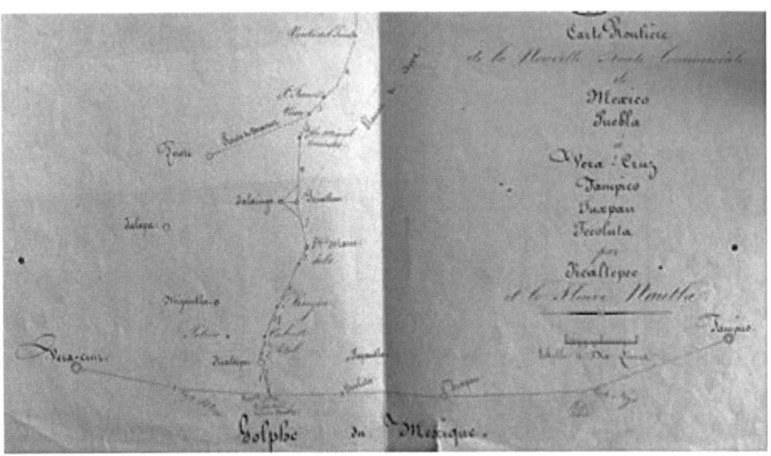

Figure 5. Situation géographique de Jicaltepec (CADN, Mexico, 71)

À Jicaltepec, le chef de la société coloniale était aussi celui de la colonie. Stéphane Guénot est désigné souvent comme un disciple de Fourier, et il aurait eu, au départ, l'intention de créer un phalanstère, mais les colons auraient refusé[96]. Comme à Guazacoalcos, la présence de militants des premières formes de socialisme semble ainsi attestée. Mais il est intéressant de noter que lorsque Guénot forme sa société franco-mexicaine de colonisation à Dijon, dont il est originaire, il s'associe avec des individus dont le lien avec la « colonisation nouvelle » est pour le moins paradoxale. Certains sont ainsi des anciens propriétaires d'habitations de Saint-Domingue, dont beaucoup avaient trafiqué avec l'Amérique espagnole. La reconnaissance de l'indépendance d'Haïti par la France les place face à un choix. Elle les oblige à renoncer à l'espoir de récupérer leurs terres. Mais, forts de leurs indemnités et de leurs connaissances des routes commerciales de la Caraïbe, ils se trouvent dans une position favorable pour réinvestir leurs capitaux dans les relations transatlantiques. La tentation est d'autant plus grande

96. Correspondance avec Jicaltepec. Lettre de Mothelet à Burdel, 15 novembre 1872, CADN, Mexico, 110bis, citée par Evelyne Sanchez, « Identidad, tierra y conflicto... », *loc. cit.*

qu'après 1825, le gouvernement français opère une offensive diplomatique en direction des nouveaux gouvernements latino-américains pour ouvrir de nouveaux marchés aux grands ports français et combattre l'influence grandissante de la Grande-Bretagne dans la région. Les Britanniques avaient en effet reconnu plusieurs républiques hispano-américaines dès 1825, remplaçant, peu ou prou, le rôle économique que tenait naguère l'Espagne. Connaissant l'espace caribéen et hispano-américain, quelques planteurs acceptent de mettre leur influence et leurs capitaux au service de ces projets « coloniaux ». C'est sans doute la raison pour laquelle, parmi les quelques membres fondateurs de la « société franco-mexicaine » pour la colonisation de Jica ltepec se trouve le comte Étienne-Joseph de Sassenay[97]. Issu d'une vieille famille bourguignonne, constituant en 1789 avant d'émigrer, celui-ci avait été propriétaire d'une habitation à Saint-Domingue. Ces mérites avaient attiré sur lui le regard de Napoléon. L'Empereur avait fait de lui son émissaire à Buenos Aires pour réclamer la reconnaissance du roi Joseph par les autorités du Río de la Plata, en 1808[98]. L'alliance d'un fouriériste et d'une famille esclavagiste en vue de l'établissement d'une colonie agraire peut surprendre, mais elle obéit à une certaine logique. Elle atteste le passage de la plantation esclavagiste à la nouvelle colonisation européenne. Elle signale également la collaboration d'individus que leurs positions politiques auraient dû éloigner, poursuivant des buts distincts mais convergents dans l'entreprise « coloniale »[99].

97. « Statuts de la Compagnie franco-mexicaine », article 66, CADN, Mexico, 71, s. f.
98. Claude Henri Étienne Sassenay, *Napoléon Ier et la fondation de la République Argentine. Jacques de Liniers, comte de Buenos-Ayres, vice-roi de La Plata, et le marquis de Sassenay (1808-1810)*, Paris, E. Plon Nourrit, 1892.
99. Je suis en train d'étudier ce point, à partir des dossiers réunis dans la série F7 des Archives Nationales. Voir aussi Jean-René Aymes, *Los españoles en Francia: 1808-1814 : la deportación bajo el Primer Imperio*, Madrid, Siglo XXI, 1987 et *Españoles en París en la época romántica: 1808-1848*, Madrid, Alianza, 2008.

De la Réunion à San Juan

C'est dans la suite du Champ-d'Asile, de la Nouvelle-Neustrie, du Guazacoalcos et de Jicaltepec qu'il faut inscrire le choix d'Étienne Cabet de fonder une colonie communiste au Texas en 1848. C'est aussi dans cette continuité que Considérant choisit le Texas, en 1855, pour établir le phalanstère de la Réunion[100]. Le lien avec les colonies de nature entrepreneuriale, comme celle de Castroville[101], près de San Antonio, me semble d'ailleurs attestée par le fait même que Considérant crée une société de colonisation semblable aux précédents mexicains et centraméricains. L'organisation interne de ces communautés n'a, bien entendu, rien à voir avec les colonies non utopiques, mais celles-ci s'inscrivent dans un même contexte : l'appel de gouvernements républicains à une émigration européenne pour la mise en valeur des ressources agricoles d'un espace supposé vide d'hommes[102].

Dans cette perspective, il faut évoquer une autre expérience oubliée qui poursuit et achève le cycle de la colonisation avant la construction de nouveaux empires européens en Afrique. La colonie de San Juan, créée en 1853-4 par Auguste Brougnes, fut, comme la Nouvelle-Neustrie et le Guazacoalcos, soupçonnée de se résumer à une vaste escroquerie – à juste raison, pour beaucoup de migrants qui débarquèrent à Montevideo sans être pris en charge par la société de colonisation. San Juan constitue la première entreprise de colonisation civile en Argentine et son échec ouvre en réalité la voie à un nouveau chapitre – réussi – de son histoire agraire. Se multiplient ensuite les colonies rassemblant Suisses, Italiens, Espagnols, Allemands, Russes dans les provinces du littoral jusqu'à la Première Guerre mondiale. C'est pourquoi San Juan a l'importance des expériences inaugurales. Elle s'inscrit et continue, à sa manière, l'entreprise de « nouvelle colonisation », puisque son promoteur principal défend des

100. Voir M. Cordillot, *Utopistes et exilés du Nouveau Monde, op. cit.*

101. Nicole Fouché, *Émigration alsacienne aux États-Unis, 1815-1870*, Paris, Publications de la Sorbonne, 1992, p. 137 et suivantes.

102. En l'occurrence, pour Castro et Considérant, les lois en faveur de l'immigration du gouvernement du Texas.

idées saint-simoniennes. Il est intéressant de noter, à cet égard, que le projet de Brougnes s'inscrit dans une conjoncture politique particulière. Celui-ci est en effet l'un de ces nombreux Français de Montevideo, pour beaucoup Basques ou Béarnais comme lui, qui ont participé à la défense de la ville contre les armées du général Oribe et de son allié l'Argentin Rosas. La ville est la plus cosmopolite du continent et compte plus de 10 000 Français, autant d'Italiens (parmi lesquels Garibaldi jusqu'en 1848) et d'Espagnols. Le port uruguayen rassemble quantités d'artisans et d'ouvriers, mais aussi maints exilés politiques, bonapartistes, républicains, militants du droit des peuples à disposer d'eux-mêmes. Lors de la constitution de la Légion des volontaires français, levée en 1843 dans le cadre de la *Guerra Grande*, le drapeau qui fut choisi arborait conjointement l'aigle napoléonienne et le faisceau républicain. Son chef, Jean-Chrysostome Thiébault, était un ancien de l'Empire. La révolution de 1848 fut accueillie à la satisfaction générale, donnant lieu à des formes variées de réjouissances collectives. L'un des représentants de ces Français, puis du gouvernement uruguayen à Paris, John Le Long, fut également l'une des chevilles ouvrières de San Juan. Ils luttaient contre les fédéralistes argentins, aux côtés des unitaires, comme Sarmiento ou Alberdi, qui faisaient de l'immigration européenne l'une des pierres de touche de leur programme politique.

Brougnes exposa son programme dans un ouvrage traduit et publié aux frais de la Confédération en 1854. L'auteur principal de la constitution argentine de 1853, qui fixe la base de l'unité nationale, José B. Gorostiaga, en approuva les principales lignes, montrant la connexion puissante qui s'était nouée entre les autorités de la Confédération et l'analyse que faisaient certains réformateurs à propos de la question sociale européenne. Aux dires de Gorostiaga,

> Le point de départ de (Brougnes) est aussi exact que charitable : l'Europe a trop de bras et peu de surface labourable en relation avec sa population. Parmi nous, la terre est déserte et sans labours, ni ne bénéficie de la sueur salutaire des laboureurs. Donner des terres aux bras, travail et nourriture aux indigents, au bénéfice

> de l'Europe et de l'Amérique, voici un objectif aussi éclairé que recommandable, que le Gouvernement de la Confédération estime à sa juste valeur[103].

Car la raison d'être de San Juan est aussi économique que politique. Brougnes justifie la colonisation à la fois par sa viabilité économique et par la fonction sociale qu'elle peut jouer à la fois en Europe et en Amérique du Sud. Le sous-continent serait mis en valeur par des colons formés aux techniques nouvelles et l'Europe, surchargée de bras et de bouches inutiles, verrait diminuer le paupérisme. Le commerce entre les deux continents s'en trouverait accru, inaugurant un nouvel âge de prospérité de part et d'autre de l'Atlantique. Brougnes pensait que l'industrie organisée et l'intensification des relations économiques à l'échelle internationale pouvait résoudre la question sociale en accordant le travail européen à la terre américaine. La colonisation transatlantique revêtait une dimension utopique puisqu'elle était le laboratoire d'une mondialisation commerciale. En réalité, c'est la perspective quasiment prophétique d'une expansion de la liberté, telle que la conçoivent les acteurs de cette époque, qui forme le cadre de ces entreprises. La médaille a son revers : le sort des Amérindiens qui ont l'infortune de vivre dans les espaces où doit se déployer la libre activité des colons européens. La colonisation nouvelle cache un pari « racial » qui ne fera que se renforcer avec le temps, en représentant, aux yeux de ses promoteurs, la « rédemption de la race blanche[104] » par « le rapprochement (…) de ces deux puissants agents, travail européen, sol de l'Amérique du Sud[105] ».

---

103. Lettre de José B. Gorostiaga au docteur A. Brougnes, au nom du président de la Confédération (Urquiza), Paraná, 11 septembre 1854, Auguste Brougnes, *Extinción del pauperismo agrícola por medio de la colonización en las provincias del Rio de la Plata con un bosquejo jeográfico é industrial.*, Paraná, Imprenta del Estado, 1855, s. p.

104. Andrés Lamas, *Notice sur l'Uruguay* (1851), cité par Auguste Brougnes, *Extinction du paupérisme agricole par la colonisation dans les provinces de La Plata (Amérique du Sud)*, Tarbes, Typ. de J. M. Dossun, 1855, p. 55.

105. *Ibid.*

Conclusions sur la séquence de la nouvelle colonisation en Amérique hispanique

Il serait fastidieux de décrire plus en détail chacune des entreprises colonisatrices. Ce n'est pas l'objet de cet article programmatique, et mieux vaut s'attacher à un ensemble de traits qui articulent cette série d'expériences en une séquence cohérente, afin d'en dégager une signification générale. Si l'on veut condenser leurs caractéristiques, elles partagent six traits communs (inégalement présents dans chacune des tentatives), que l'on pourrait définir, à titre provisoire, comme suit :

1/ La colonie poursuit un but politique, tacite ou explicite.

2/ Elle est organisée par des responsables engagés, parfois exilés ou proscrits en raison de leurs opinions. Elle regroupe souvent des réfugiés, mais aussi, et surtout, des migrants économiques. En ce sens, ces colonies agraires forment, avec la fin des empires modernes et l'abolition de l'esclavage, l'un des contextes qui permet de mieux comprendre l'émergence et la diffusion du premier socialisme dit utopique. L'Amérique hispanique forme sans nul doute l'un des espaces de repli – et, pourquoi pas, d'inspiration – du républicanisme européen entre la floraison de la décennie 1790 et sa renaissance de 1848, en France comme dans la péninsule italienne.

3/ Elle s'inscrit peu ou prou dans un répertoire républicain, et, au minimum, anti-légitimiste, s'appuie sur certains savoirs généraux ou techniques nouveaux (comme la Physiocratie ou le saint-simonisme ou des formes précoces de socialisme). Elle se pense comme un centre de civilisation destiné à « répandre les Lumières » au sein des sociétés voisines.

4/ La colonie doit son existence au soutien de certains gouvernements républicains d'Amérique hispanique qui partagent les valeurs et les objectifs de ces entreprises. Elle n'est donc pas considérée comme une forme d'impérialisme couvert par les autorités locales, mais un apport à la mise en valeur du territoire. Le gouvernement aliène des terres considérées comme *baldías*, c'est-à-dire appartenant à l'État, à un concessionnaire qui doit, en général, obtenir la nationalité du pays. Ces opérations associent des élites hispano-américaines, souvent proches du pouvoir central ou provincial, avec des entrepreneurs européens qui sollicitent la naturalisation afin de pouvoir bénéficier d'une concession.

5/ Elle est composée d'hommes et de femmes libres, souvent d'origine européenne, et refuse le travail servile. Ces « colons » sont en général des artisans, cultivateurs, ouvriers appauvris. Ils sont recrutés par le biais de contrats dont la structure rappelle l'engagisme. L'émigration ne concerne pas seulement la force de travail, mais des familles entières. Le projet consiste à fonder, à terme, une société de paysans propriétaires et d'artisans indépendants. Telle est du moins sa visée. Elle ne procède pas de l'initiative publique, mais s'appuie sur des réseaux de recrutement nombreux en Europe, en particulier en France. Ces entreprises sont organisées sous la forme de sociétés par actions dites « sociétés de colonisation ». Leur caractère spéculatif ne doit pas les distinguer radicalement des expériences communautaires menées par les « utopistes », et il faut, à mon sens, inscrire les unes et les autres dans un même contexte intellectuel – et pratique.

6/ Ces entreprises s'inscrivent dans un paradigme « colonial » qui n'est pas celui des empires modernes, puisqu'elles s'appuient sur le travail libre et présupposent la liberté du commerce et des circulations de personnes. Elles représentent cependant un « pari racial » aussi bien pour les sociétés émissaires que réceptrices. « Rédemption de la race blanche » pour une classe ouvrière et paysanne menacée par le paupérisme en Europe, elle est aussi une manière « d'améliorer la race », selon l'expression consacrée par les gouvernements hispano-américains dans la seconde moitié du XIXe siècle. Comme outil d'une modernisation désirée, ces projets s'inscrivent dans un historicisme où les archaïsmes indigènes et « africains » doivent être dépassés. Ces traits expliquent l'intérêt mesuré et souvent l'hostilité des plus progressistes d'entre eux envers le monde amérindien, accusé de faire barrage à l'expansion de la colonisation agricole et du commerce[106].

7/ Son arc temporel décrit précisément le moment qui sépare les réflexions sur la « colonisation nouvelle », commencées au cours de la décennie 1780 et la seconde vague de colonisation européenne en Afrique et en Asie, dans le dernier tiers du XIXe siècle. Ce moment s'épanouit de 1815 à 1870 environ, et les moments de persécution – ou de fermeture – politique s'avèrent favorables à la multiplication des projets. Elles n'impliquent donc pas la conquête ni la souveraineté de la part de la société émissaire – au contraire, puisque certains de ses partisans en rejettent absolument le principe comme archaïque[107]. La colonisation, entendue de la sorte, s'inscrit plutôt dans le cadre de l'influence, de l'empire informel, fondé sur le commerce et l'existence de « colonies » – ici françaises – susceptibles de soutenir la politique extérieure d'une nation « coloniale »[108]. D'un point de vue plus général, ces entreprises montrent qu'il faut déstabiliser les oppositions binaires entre espace impérial ou « indépendant », monde colonial ou non, de même que l'association immédiate entre

106. Ainsi le démocrate socialiste Alexis Peyret, qui dédie son ouvrage sur les colonies au président Roca, l'artisan de la guerre du désert contre les Indiens argentins, ou encore le républicain Arsène Isabelle (*Voyage à Buénos-Ayres et à Porto-Alègre…*, Morlent, 1835, p. 98), et bien d'autres…

107. John Le Long, *L'Émigration et la politique coloniale, mémoire présenté au Congrès régional des sociétés de géographie, composant le groupe du sud-ouest de la France (Association française pour l'avancement des sciences), par John Le Long, …*, Bordeaux, Impr. de G. Gounouilhou, 1885.

108. Voir John Le Long, *ibid.* Après avoir affirmé : « Moi aussi, je suis partisan de l'expansion coloniale ; je crois qu'une nation, comme la France, se suicide en se confinant perpétuellement dans ses propres frontières ; mais je ne désire ce rayonnement au dehors, je ne comprends surtout l'établissement de colonies nouvelles que dans certaines conditions… » (p. 3), il condamne la colonisation armée de l'Algérie et toutes les entreprises de conquête, pour louer l'influence positive des émigrés français à Montevideo et Buenos Aires.

les concepts d'empire et de colonialité. Les États-Unis et les États hispano-américains ne sont pas des empires *stricto sensu*, ni des colonies, mais ces républiques connaissent un processus de colonisation interne sous les espèces d'une migration de peuplement européen. Cette dernière peut se faire au nom de valeurs anti-impériales et anticoloniales, au sens que Raynal, Robertson ou l'abbé Grégoire pouvaient donner à ces termes. En ce sens, la colonisation nouvelle s'oppose à l'empire ou au système colonial moderne. Elle témoigne d'une nouvelle conception du rapport de l'Europe au monde qui plonge ses racines au XVIIIe siècle, avec les pensées physiocratique, libérale et les réformes impériales qu'elles informent. Elle prépare une nouvelle phase de globalisation économique et politique et de constructions impériales qui s'affirment au dernier tiers du XIXe siècle.

Les Indes orientales néerlandaises vers 1763-1830. Une pépinière idéale pour une société « en chantier »

Angelie Sens

Introduction

« Esclave infortuné ! – Si ma main, qui ne peut essuyer tes larmes, en fait verser de regret et de repentir à tes tyrans, je n'ai plus rien à demander aux Indes, j'y ai fait fortune. »

Cette phrase, placée en exergue de la pièce de théâtre de Dirk van Hogendorp, *Kraspoekol, of de slaavernij. Een tafereel der zeden van Neerlands Indiën* (*Kraspoekol, ou l'esclavage. Une histoire morale des Indes orientales néerlandaises,* 1800), est tirée du *Voyage à l'Isle de France*[1] publié anonymement par Bernardin de Saint-Pierre en 1773. Van Hogendorp y plaide pour l'abolition de la traite négrière et de l'esclavage qui, selon lui, ne pouvait advenir que grâce à un renversement moral au sein de la société coloniale[2].

1. *Voyage à l'Isle de France, à l'Isle de Bourbon, au Cap de Bonne-Espérance &c. Avec des observations nouvelles sur la nature & sur les hommes, par un Officier du Roi,* Amsterdam, 1773, 2 tomes. La phrase se trouve à la toute fin du volume II, page 238. « Pour toi, Nègre infortuné qui pleures sur les roches de Maurice, si ma main, qui ne peut essuyer tes larmes, en fait verser de regret & de repentir à tes tyrans, je n'ai plus rien à demander aux Indes, j'y ai fait fortune. »
2. Kraspoekol – « frappe dur » – est le nom de la propriétaire d'esclaves de la pièce. L'action se déroule à Batavia (Jakarta), la capitale de Indes orientales néerlandaises. Dans la pièce, Kraspoekol traite ses esclaves de manière très cruelle. Ceci est partiellement du au fait que les propriétaires femmes

Dans les Provinces-Unies et leurs colonies, les hommes et les femmes débattaient avec passion de la manière dont il était possible de renforcer les liens entre la métropole et ses colonies, d'un point de vue politique, mais aussi économique et moral. Les concepts de « engineering society » (construction de la société) des XVIIIe et XIXe siècles nous permet d'éclairer plus finement les idées du temps et la perception des pratiques futures de la société coloniale. Les sources, au cœur de cette contribution, sont constituées de textes des XVIIIe et XIXe siècles relatifs à des « projets coloniaux » par des auteurs qui étaient pour la plupart des membres de l'administration ou des officiers de haut rang des armées coloniales et qui avaient, ou prétendaient avoir, une bonne connaissance de tous ces sujets. Et tous, d'une manière ou d'une autre, étaient engagés dans « la construction » de la société coloniale. Leurs écrits reflètent cette période transitoire située entre le « vieil » ordre mercantile et le nouveau colonialisme libéral. Est-il utile de préciser que *l'Histoire des Deux Indes* de Raynal, les positions d'économie politique d'Adam Smith, de plus en plus répandues grâce au succès international de sa *Richesse des Nations* (1776), tout comme la philosophie des Physiocrates et des économistes français, donnaient à ces « projets coloniaux » des accents réformateurs, avec une perspective de transformation sociale[3], d'aspect et de caractère souvent utilitariste.

En fait, la majorité des textes relatifs à l'avenir des colonies de l'Empire hollandais ne relèvent pas de la littérature de fiction. En ce qui concerne les genres purement littéraires, que ce soit la poésie, le roman, le théâtre ou la littérature utopique et/ou

---

d'esclaves à Java sont d'ascendance créole, c'est du moins l'explication qu'en donne Van Hogendorp qui explique par là qu'il leur échappe une partie du caractère civilisé inhérent aux Européens. De nombreux européens s'adonnent à des pratiques méprisables en raison d'intérêts personnels liés à leur égotisme.

3. Le terme anglais « engineering » implique toutefois une dimension planifiée et constructiviste que le terme français « transformation » ne rend pas dans son intégralité ; nous l'avons parfois rendu par « construction » ou « fabrique » du social (voir Alain Touraine, *La production de la société*, Paris, Éditions du Seuil, 1973). L'expression « en chantier » nous a cependant semblé la plus appropriée (note du traducteur).

uchronique, le monde colonial « réel » était souvent décrit par anticipation, et présenté dans un cadre universel où, explicitement ou implicitement, le genre humain et le monde connu étaient, d'une façon ou d'une autre, intégrés.

Quelques remarques historiographiques

D'un point de vue historiographique, la Compagnie hollandaise des Indes orientales (*Vereenigde Oostindische Compagnie*, la *VOC*) a été perçue comme une institution commerciale sans ambition réelle pour la colonisation directe. La *VOC* s'inscrivait ainsi dans les courants d'échanges asiatiques (ou portugo-asiatiques) déjà existants, notamment celui des épices. Cette vision arbitraire obscurcit la nature bien plus complexe de la *VOC* et de ses activités aux XVIIe et XVIIIe siècles. L'expansion rapide de ses intérêts commerciaux et territoriaux dans l'hémisphère oriental exigeait d'autres formes d'activité coloniale, mieux adaptées à ces nouvelles situations et bien différentes de simples transactions commerciales traditionnelles. Parmi ces nouvelles situations, on relève des projets de réforme de la société coloniale qui s'accompagnaient simultanément de demandes en hommes et en terre[4]. Mais construire la société coloniale à partir de programmes de colonisation impliquait des transformations qui pouvaient se révéler dangereuses. Des terres cultivables et non fertiles pouvaient, légalement ou illégalement, être obtenues ou simplement confisquées, leurs occupants obligés de changer la nature et le volume de leur production, tout cela aboutissant souvent à des mouvements migratoires, volontaires ou forcés, relevant tout à la fois de phénomènes attractifs et répulsifs.

Le résultat de la résistance violente contre cette agression coloniale était partie intégrante de la société coloniale.

---

4. Voir par exemple : Rik van Welie, 'Patterns of slave trading and slavery in the Dutch colonial world 1596-1863', in : Gert Oostindie (ed.), *Dutch colonialism, migration, cultural heritage*, Leiden, 2008, p. 155-259, références pages 158-159.

Dans cette mesure, les débats sur la « transition coloniale » globale présumée (1770-1840) [5] et sur la traite, l'esclavage et son abolition dans le monde de l'Océan indien, sont d'une grande importance.[6] Mais l'historiographie récente a surtout insisté sur « l'identité » et sur les processus de « créolisation » des sociétés coloniales. Comment les sociétés de négoce et plus tard l'État néerlandais ont-ils perçu des sociétés coloniales planifiées par eux-mêmes, de manière d'ailleurs très ordonnée, des lieux souvent animés et traversés par des dynamiques complexes, originales et personnelles ? La formation de nouvelles identités, mais surtout, d'identités mixtes, donna naissance à de nouvelles hiérarchies et à de nouvelles lignes de démarcation entre les groupes sociaux des sociétés coloniales, le tout porté par des réseaux familiaux, religieux, de classe ou de race[7]. Les politiques et les activités post-coloniales du XXe siècle ont permis l'éclosion de nouvelles réflexions (à partir de l'intégration urbaine) sur les histoires coloniales et impériales récemment regroupées sous l'expression de *Nouvelle Histoire Impériale* (NHI), un champ à haute dimension culturelle, dans la plus large acception du terme[8]. Tous ces débats peuvent

5. Voir par exemple le numéro special de *Modern Asian Studies*, 38, 3 (2004) : 'The Colonial Transition. South Asia, 1780-1840' avec une introduction de Ian J. Barrow et Douglas E. Haynes.
6. Voir par exemple Gwyn Campbell (ed.), *The structure of slavery in Indian Ocean Africa and Asia*, London, 2003; Gwyn Campbell (ed.), *Abolition and its aftermath in the Indian Ocean, Africa and Asia*, London and New York, 2012, et Alessandro Stanziani (ed.), *Labour, coercion, and economic growth in Eurasia, 17th-20th centuries*, Leiden / Boston, 2013. Nous devons mentionner également Anthony Reid (ed.), *Slavery, bondage & dependency in Southeast Asia*, New York, 1983. Sur un point de vue qui prend en compte les colonies orientales et occidentales, voir : Rik van Welie, 'Patterns of slave trading and slavery… *op. cit.*
7. Voir, par exemple, une étude portant sur la colonie du Cap : Nigel Worden (ed.), *Cape Town between East and West. Social identities in a Dutch colonial town*, Auckland Park / Hilversum, 2012. Voir encore un ouvrage récent sur les Indes orientales : Ulbe Bosma et Remco Raben, *Being 'Dutch' in the Indies. A history of creolisation and empire, 1500-1920*, Athens, 2008. Enfin, sur les néerlandais et la côte occidentale de l'Afrique, voir : Ineke van Kessel (ed.), *Merchants, missionaries and migrants. 300 hundred years of Dutch-Ghanian relations*, Amsterdam, 2002.
8. Le numéro special dirigé par Marieke Bloembergen et Vincent Kuitenbrouwer, 'A New Dutch Imperial History' de la revue *BMGN-*

être regroupés à partir du concept du travail (le travail libre, en apprentissage, forcé, migratoire ou encore l'esclavage) et à partir de celui de propriété (propriété territoriale et souveraine, demandes de terres par les pouvoirs coloniaux, défrichement ou encore propriété agricole). Ces débats sont liés, d'une manière ou d'une autre, aux discussions qui concernent le passage d'une économie coloniale d'échanges à une économie coloniale fondée sur de nouveaux modes d'exploitation, soutenue par la formation d'États coloniaux par les puissances européennes et souvent habillés d'un discours philosophique et moral issu des Lumières.

Débats coloniaux depuis le milieu du XVIIIe siècle

Comme on le sait, les Provinces Unies adoptèrent une attitude de neutralité lors de la guerre de Sept-Ans (1756-63), comme elles le firent d'ailleurs pendant la plus grande partie du XVIIIe siècle. Toutefois, malgré cette neutralité, les conséquences et les résultats de cette guerre se firent sentir dans le pays. Les Bataves furent de plus en plus confrontés à la rivalité avec les Britanniques sur mer et dans leurs colonies orientales, en premier lieu dans leurs comptoirs du sous-continent indien et de l'hémisphère occidental[9]. À partir du milieu du XVIIIe siècle, les Hollandais accélèrent leur expansion territoriale et renforcent leur pouvoir et leur souveraineté sur Java et son archipel, au détriment des royaumes et des principautés régnantes, selon un processus amorcé au XVIIe siècle, qui devait prendre fin au XXe siècle. Tout cela fut mis en place par des

Low Countries Historical Review, vol. 128, nr. 1 (2013) revient sur ce débat historique, né au Royaume-Uni, et dans lequel l'histoire des Pays-Bas joua un rôle important. Voir en particulier : Remco Raben, 'A New Dutch Imperial History? Perambulations in a prospective world', p. 5-30.

9. Dans les colonies orientales, les Néerlandais ont éventuellement perdu leurs comptoirs sur le sous-continent indien et la colonie de Ceylan (en 1796) qui, après les négociations de paix lors du congrès de Vienne devaient rester sous emprise britannique. Pour une étude récente sur Ceylan (Sri Lanka), voir : Alicia Schrikker, *Dutch and British colonial intervention in Sri Lanka c. 1780-1815. Expansion and reform*, Leiden, 2006.

traités, par des achats de territoires, par une stratégie qui consistait à diviser pour mieux régner ou tout simplement par la force brutale. En 1749, par exemple, la *VOC*, basée jusqu'à lors en Insulinde, autour de Batavia et dans le Preanger, soit la partie occidentale de Java, réussit à s'agrandir territorialement dans la région du Mataram, au nord-est de l'île, lorsque le *Susuhunan* (Chef) Pakubuwono II donna sur son lit de mort commandement, pouvoir et autorité (« alle gezag, magt en authoriteyt ») aux Néerlandais. Autre exemple avec les territoires du Bantam (partie occidentale de Java, à la frontière des possessions bataves en Insulinde) annexés par la force par un gouverneur nommé par les Français, Herman Willem Daendels (1808-1811), puis sévèrement réorganisés au détriment des princes régnants, comme ce fut le cas avec d'autres territoires en Insulinde. Les bataves essayaient de trouver d'autres moyens de faire des bénéfices à la fois à partir du commerce international et intra-asiatique ainsi que grâce aux exportations agricoles[10]. Sur la côte occidentale africaine, les territoires néerlandais sur la côte de Guinée représentaient une place forte pour le commerce des esclaves, en particulier St George d'Elmina (aujourd'hui au Ghana) tandis qu'au sud se trouvait la colonie du Cap encore plus importante en termes stratégiques et économiques. Il est intéressant de noter que la partie néerlandaise de la Guinée faisait partie de la sphère occidentale du trafic commercial transatlantique hollandais tenu par la *WIC* (*West-Indische Compagnie*), tandis que la colonie du Cap était contrôlée par la *VOC*. Au XVIIe siècle, la place, utilisée comme une simple escale pour les navires se rendant des Provinces Unies aux Indes du Sud, se transforma en une colonie esclavagiste. Comme ce fut le cas pour Ceylan, les Provinces Unies devaient perdre la colonie du Cap à la suite du congrès de Vienne. Dans la République, tout comme dans ses colonies, des initiatives furent engagées

---

10. Herman Willem Daendels, *Staat der Nederlandsche Oostindische bezittingen, onder het bestuur van den Gouverneur-Generaal Herman Willem Daendels [...]*, 's-Gravenhage, 1814, 4 vols., vol. 1, p. 54-61. Voir également F. de Haan, *Priangan. De Preanger-Regentschappen onder het Nederlandsch Bestuur tot 1811*, 4 vols., Batavia / 's-Gravenhage, 1910-1912, vol. 1, p. 474-475. En 1807, Daendels avait été nommé gouverneur par Louis Napoléon.

afin de remédier aux menaces réelles ou supposées contre l'État, les colonies, la *VOC*, la *WIC*, le bien public et la société en général. Pour certains, c'était l'existence même de l'empire colonial qui était en jeu, alors que pour d'autres il était plutôt question des transformations à venir[11]. En 1778, l'*Oeconomische Tak* (Commissariat économique, *ET*) fut fondé afin d'endiguer « le déclin progressif de la prospérité hollandaise » et afin d'en augmenter la croissance, le bénéfice étant affecté au service de l'État. Le commissariat économique (*ET*) était une branche de la '*Hollandsche Maatschappij der Wetenschappen* » (Société néérlandaise des Sciences, *HMW*) basée à Haarlem, une société savante impliquée dans la recherche scientifique théorique et fondamentale.

Le Commissariat, au contraire, présentait explicitement son projet comme relevant d'applications scientifiques. Divisé en sections locales à travers tout le pays et dans les colonies, le Commissariat connut une augmentation rapide de ses adhésions[12]. En 1778 toujours, la « *Bataviaasch Genootschap van Kunsten en Wetenschappen* » (la Société Batave pour les Arts et les Sciences, *BG*) fut fondée à Batavia, alors la capitale des Indes néerlandaises[13]. Malgré ses liens avec de nombreuses sociétés savantes de la République, comme la *HMW* et l'*ET*, la Société choisit de rester indépendante, en raison de la distance géographique entre la République et les Indes néerlandaises, mais également en raison de l'importance de la colonisation en Insulinde. Rapidement, on devait retrouver ses membres sur tous les territoires néerlandais en Asie, mais également sur l'archipel indonésien, le sous-continent indien, au Japon ou encore au Cap. La Société suivait les traces de l'*ET* en choisissant de

11. Angelie Sens, 'Dutch antislavery attitudes in a decline-ridden society, 1750-1815', in : Gert Oostindie (ed.), *Fifty years later. Antislavery, capitalism, and modernity in the Dutch orbit* (Leiden, KITLV, 1995), p. 89-104 ; Angelie Sens, '*Mensaap, heiden, slaaf'. Nederlandse visies op de wereld rond 1800*, Den Haag, 2001.
12. J. Bierens de Haan, *Van Oeconomische Tak tot Nederlandsche Maatschappij voor Nijverheid en Handel, 1777-1952*, Haarlem, 1952, p. 1-16.
13. Pour une récente étude sur les premières 89 années de la *BG*, voir : Hans Groot, *Van Batavia naar Weltevreden. Het Bataviaasch Genootschap van Kunsten en Wetenschappen, 1778-1867*, Leiden, 2009.

donner priorité aux sciences appliquées et pratiques, au savoir utile pour le bénéfice des colonies et de la société coloniale, sans entraver la politique de la *VOC* et son imposition du secret. Le but ultime recherché par la Société était « d'éclairer » les peuples de l'Est, sans répandre la foi chrétienne[14] ; les conversions étaient généralement vues comme des sortes d'échanges culturels, plutôt que relevant du fait religieux. Mais sans l'appui d'inventaires, d'enquêtes, de statistiques et d'éléments cartographiques, la connaissance scientifique dans sa dimension appliquée était extrêmement réduite. C'est la raison pour laquelle, grâce à l'aide de multiples (et internationaux) récits de voyages, ainsi qu'avec l'appui d'autres sources provenant de scientifiques et d'amateurs, de nouvelles investigations et recherches furent entreprises par les membres de la Société, mais également par de simples passionnés, les uns et les autres étant stimulés par des compétitions littéraires[15] et la promesse de publications[16]. Quant aux sujets qui paraissaient importants aux membres de la Société, ils portaient sur l'agriculture et dans une moindre mesure sur le commerce et le négoce. Ainsi, la flore indigène, tant pour ses vertus médicinales que pour son utilisation économique, était un sujet régulièrement traité et débattu.

De même, les recherches agricoles sur les nouveaux modes de culture ou les questions relatives aux cultures commerciales indigènes et exogènes, aussi bien que celles touchant au commerce extérieur, étaient des sujets amplement étudiés par la Société. Mais cette dernière s'intéressait aussi à l'élevage en général et à l'élevage bovin en particulier. On relève des expériences réalisées sur des propriétés appartenant à des membres de la Société ou dans des « jardins » récents. En 1778, la Société

14. *Verhandelingen van het Bataviaasch Genootschap der Konsten en Weetenschappen* (*VBG*), vol. I, Rotterdam, 1781 (1ère édition Batavia, 1779), p. 3-4.
15. L'un des premiers membres de la *BG* fut Willem van Hogendorp. C'est à lui que l'on doit *Kraspoekol, of de droevige gevolgen van eene te verre gaande strengheid, jegens de slaaven*, Batavia, 1780, qui fut réécrit sous la forme d'une pièce de théâtre, par son fils, Dirk van Hogendorp, vingt ans plus tard.
16. *Verhandelingen van het Bataviaasch Genootschap* (*Transactions, VBG*).

souhaita faire l'acquisition d'un jardin près de Batavia afin de s'essayer à la culture de plantes exogènes[17] et en 1790 on relève l'existence, grâce à la volonté de Frederik Schouwman[18], membre de la Société, d'un nouveau jardin potager, plus proche de la capitale que le précédent. On note également d'autres thèmes récurrents comme « l'histoire naturelle » de manière très large, puisqu'elle comprenait l'étude de l'homme et de l'humanité. Deux membres de la Société, Josua van Iperen et Jacobus Radermacher, participèrent aux débats scientifiques européens relatifs à l'apparence physique humaine d'un point de vue biologique. Ces débats portaient, entre autres, sur les différences des couleurs de la peau, avec le cas exemplaire de « l'albinos noir[19] ». Enfin, la Société s'engageait dans des recherches portant sur les cultures, les religions, les styles de vie des peuples de l'archipel indonésien, à la fois dans une orientation scientifique, mais également dans l'optique de politiques futures à mener. Pendant ce temps, on relève en 1784, la création de la Société pour le Bien Public [*Maatschappij tot Nut van 't Algemeen* (*'t Nut'*)]. Comme ce fut le cas avec l'*ET*, la *'t Nut'* était une organisation divisée en sections locales que l'on retrouvait sur l'ensemble du pays et dans les colonies. Mais la différence essentielle entre les deux sociétés reposait sur le fait que l'*ET* s'attachait aux aspects socio-économiques du bien public tandis que la *'t Nut'* se concentrait sur un programme d'éducation et d'alphabétisation pour tous. En revanche, les deux sociétés se retrouvaient sur la base d'un programme national, voire nationaliste. Dans cette optique, les Provinces-Unies et leurs colonies étaient considérées comme un empire cohérent, formé d'une métropole européenne et des *wingewesten* d'outre-mer, c'est-à-dire des territoires conquis pour le profit économique

17. *VBG*, vol. I, Rotterdam, 1781 (1ère édition Batavia, 1779), p. 39.
18. *VBG*, vol. V, Batavia, 1790, p. 20.
19. Josua van Iperen, 'Beschryvinge van een witte neger van het eiland Bali', in: *VBG*, vol. I, Rotterdam, 1781, p. 307-332; Josua van Iperen, 'Beschryvinge van een blanke negerin uit de Papoesche eilanden', in: *VBG*, vol. II, Rotterdam, 1784, p. 229-244 ; Jacobus Radermacher, 'Proeve nopens de verschillende gedaante en coleur der menschen', in : *VBG*, vol. II, Rotterdam, 1784, p. 213-228. Pour ces débats aux Pays-Bas, voir Sens, 2001, ch. 2, en particulier p. 55-58.

et financier (en un modèle centre-périphérie), dont l'économie devait être contrôlée grâce à des mesures protectionnistes. Mais le statut de la *VOC* était également lié à ces débats. Si des réformes étaient nécessaires, elles ne débouchèrent que sur de nombreuses propositions stériles. Elles relevaient davantage du cataplasme sur une jambe de bois, plutôt que de remèdes fondamentaux, ou même révolutionnaires, auxquels certains aspiraient. Quoi qu'il en soit, la réforme de la *VOC* devait inévitablement avoir des répercussions sur la société coloniale elle-même. Mais tout cela touchait également aux débats sur la pauvreté et l'assistance publique. Dans ce contexte, l'aide aux pauvres fondée sur des distributions d'amendes et d'autres mesures du même type était considérée comme à trop court terme. Ce dont on avait besoin c'était une politique économique globale qui stimulerait le secteur agricole aussi bien que le secteur industriel[20]. L'économie coloniale devenait alors un maillon encore plus inoxydable de cette chaîne économique. Après1815, ce serait la route, encore sinueuse, que les autorités des Provinces Unies et de leurs colonies allaient suivre.

Projets de colonisation

La disparition de la *VOC*, l'éphémère « Paix d'Amiens » et surtout la restitution des anciennes colonies néerlandaises en 1815-16 allaient ouvrir des perspectives jusqu'alors inimaginables. Plans, projets et réformes coloniales pouvaient enfin voir le jour, ou, comme le gouverneur de la colonie du Cap (1803-1806), Willem Janssens, le résuma de manière quelque peu méprisante : l'Europe avait attrapé « la fièvre de la colonisation[21] ». La génération des dirigeants, des décideurs et des « idéologues » qui infiltraient le monde colonial au début du XIXe siècle provenait en partie des cercles de la *VOC*, mais

20. Voir par exemple, Bierens de Haan, 1952, p. 1-37 dans lequel ils décrit les idées de Hendrik Herman van den Heuvel, l'un des initiateurs de l'*ET*, parmi d'autres sujets.
21. L.G.J. Verberne, 'Gijsbert Karel en Zuid-Afrika', in : *Historisch Tijdschrift*, 14, nrs. 1 et 2 (1935), p. 5-28 et 143-169 ; références p. 169.

ils étaient aussi nombreux à être des arrivants nouveaux sur une scène transformée par la politique du roi Guillaume Ier et de ses conseillers. Les projets coloniaux étaient fondés idéologiquement sur l'appropriation de la terre et du travail. Le rôle de l'État et de l'exécutif était l'un des facteurs cruciaux de l'expansion territoriale outre-mer, elle-même orchestrée par des individus et des organisations privées ainsi que par l'État lui-même. Toutes ces initiatives reposaient sur des politiques économiques « libérales » fondées sur un système de sociétés par actions. Ceci explique les propositions du gouvernement néerlandais pour des concessions des propriétés coloniales ainsi que la création « d'associations », à la fois dans les territoires d'outre-mer déjà existants, mais également dans les territoires neufs. Le principe de base reposait sur le droit absolu du propriétaire, grâce au fait que les Européens avaient su créer des lois et des précédents « internationaux[22] ». Les projets coloniaux sont des sources précieuses pour appréhender la vision européenne des peuples africains et asiatiques, qu'ils soient libres ou esclaves. Malgré les préliminaires abolitionnistes dans nombre de ces textes, l'Afrique et l'Asie étaient représentées comme « arriérées », « non-civilisées » et « immatures ». Mais, d'un autre côté, dans la plupart de ces documents, les Africains et les Asiatiques étaient décrits comme potentiellement riches, hospitaliers et travailleurs, à la condition qu'ils acceptent la civilisation européenne et l'indispensable gourou blanc. En revanche, le développement des « croisements de race » comme élément de politique coloniale était récent même si, bien entendu, le processus de « créolisation » était courant dans les sociétés coloniales depuis des siècles. Il était souvent méprisé, voire détesté, et considéré comme une dégénération de la « race blanche ». Toutefois, au XIXe siècle il devint l'un des moyens proposés pour renforcer l'empire colonial. Mais le plus frappant dans tout cela est le pur optimisme qui transparait dans cette volonté de réformer et de bâtir un

---

22. Voir par exemple : D.J.P. Oranje, *Het beleid der Commissie-Generaal. De uitwerking der beginselen van 1815 in het Regeerings Reglement van 1818*, Utrecht, 1936, p. 93-95.

« nouveau monde ». On le perçoit dans des discours idéalistes, dans lesquels subsistent parfois des traces d'utopie, mais qui assurent que ce nouveau monde est à portée de main. Le terme de « civilisation » devient alors un principe structurant de l'universalisme des Lumières. « Civilisation » était perçue comme un développement progressif menant vers une communauté mondiale « en construction » et en voie d'achèvement dans un futur proche[23]. Par exemple, Dirk van Hogendorp dans son *Proeve over den slavenhandel en de slaavernij, in Neerlands-Indie (Essai sur la traite et l'esclavage aux Indes néerlandaises),* le 2 juillet 1796, prédisait qu'il ne faudrait qu'une vingtaine d'années pour préparer la société orientale indienne à une communauté sans esclaves[24].

De même, en 1816, de leur propre chef, les gouverneurs « libéraux/progressistes » de l'archipel d'Indonésie, Godert van der Capellen, Leonard Du Bus du Gisignies et Johannes van den Bosch s'embarquèrent dans une mission de civilisation de la société orientale indienne avec la volonté de faire disparaître, sous leur gouvernement, la pauvreté et l'ignorance.

L'un des sujets était de suivre la libre colonisation européenne en Asie et en Afrique et/ou de la stimuler. Pour certains, la colonisation européenne offrait une réponse partielle aux problèmes socio-économiques intérieurs, comme le chômage, la pauvreté et leurs conséquences financières. Les flux migratoires des Européens vers les colonies outre-mer, concernant à la fois ceux qui se trouvaient dans le besoin mais également ceux possédant un capital à investir, étaient une opportunité permettant de renforcer les économies intérieures et coloniales. Selon certains, une colonie puissante pouvait trancher les liens politiques qui la liaient à la métropole mais, en devenant un État indépendant, elle pouvait cependant toujours être d'une grande utilité économique pour la métropole et *vice versa.* Gijsbert Karel van Hogendorp, le jeune frère de Dirk van Hogendorp,

---

23. Sens, 2001, p. 129-136.
24. Cet essai était relié à l'ouvrage de Van Hogendorp intitulé : *Stukken raakende den tegenwoordigen toestand der Bataafsche bezittingen in Oost-Indie en den handel op dezelve,* Den Haag and Delft, 1801.

partageait cette opinion (avec à l'esprit l'exemple des États-Unis d'Amérique), mais il envisageait un modèle évolutif de partage des biens, plutôt qu'une indépendance révolutionnaire[25]. En 1817, Dirk van Hogendorp publiait son *Du système colonial de la France, sous les rapports de la politique et du commerce*[26].

Pourquoi centrait-il son attention sur le cas du système colonial français ? Van Hogendorp, qui avait fait sa carrière dans les Indes orientales néerlandaises, avait réussi à entrer au service de Napoléon, et il espérait trouver un emploi auprès de l'administration coloniale française dans la mesure où ses chances d'en obtenir un aux Pays-Bas étaient pratiquement nulles, surtout après avoir soutenu l'Empereur lors des Cents-Jours. En 1816, après avoir obtenu sa naturalisation française, il partit, miné par la déception, pour le Brésil ou où il mourut six ans plus tard, alors qu'il était devenu planteur de café. Quoi qu'il en soit, *Du système colonial* offre à la fois une base théorique mais aussi pratique pour le futur proche de la colonisation française et européenne. Il y distinguait trois types de colonisation : les colonies, les établissements de commerce et les possessions territoriales. Cette distinction était pour lui nécessaire dans la mesure où les futures administrations coloniales allaient être fondées sur le contexte conjoncturel, mais également sur les besoins économiques, politiques et militaires de chaque type de colonisation outre-mer. Mais van Hogendorp distinguait aussi des sous-genres, comme les colonies pures, les colonies mixtes et les colonies à esclaves. À propos des colonies mixtes, il observait :

> ce sont celles où la population principale a été transplantée, par la métropole, sur le sol nouveau ; mais où elle s'est mélangée avec la population indigène, qui a adopté la religion, les moeurs et les

---

25. Gijsbert Karel VAN HOGENDORP, *Verhandelingen over den Oost-Indischen handel, Tweede stuk. Behelzende eene staatkundige beschouwing van de kolonien benoorden en beoosten, Kaap de Goede Hoop, met bylagen*, Amsterdam, 1802, p. 103, 121-124.
26. Dirk VAN HOGENDORP, *Du système colonial de la France, sous les rapports de la politique et du commerce*, Paris, 1817. Voir aussi : J.A. Sillem, *Dirk van Hogendorp (1761-1822)*, Amsterdam, 1890, p. 298-307.

lois du peuple vainqueur, de manière à ne faire qu'une seule et même nation avec lui[27].

Avec le temps, comme le soulignait van Hogendorp, de nombreuses colonies européennes étaient devenues des sociétés esclavagistes méprisables. Et comme elles produisaient une faible croissance économique et une prospérité limitée, une nouvelle politique devait être mise en place afin de remplacer l'ancien système colonial. Le but était de trouver de nouvelles « colonies mixtes » (de colonies de plantations) dans les parties fertiles, non encore colonisées, des tropiques. Et de préférence dans des régions peu peuplées où les autochtones organisés sous forme de sociétés tribales auraient cependant acquis quelques rudiments de civilisation, par exemple par leur attitude envers le travail ou envers la religion chrétienne. Ni la force, ni la violence ne devaient être employées contre eux, mais on devait au contraire faire preuve de persuasion et d'impartialité afin de respecter leurs « droits » naturels. Pour cela on avait besoin d'Européens qui accepteraient volontairement ou par la contrainte (les prisonniers par exemple) d'émigrer outre-mer, s'y installer et se lancer dans les cultures agricoles et industrielles tout en se mélangeant aux populations locales. Et comme les Amériques et les Caraïbes étaient déjà sous occupation, van Hogendorp proposait de se concentrer sur l'Afrique, en particulier sa côte occidentale (le Cap-Vert) et à l'Est, l'île de Madagascar, qui pouvaient représenter de nouveaux modèles de colonies françaises[28].

27. Dirk van Hogendorp, *Du système colonial de la France*, p. 7-9.

28 *Idem*, p. 78-126. Il est intéressant de relever que les sociétés les plus hautement civilisées de l'Asie ne correspondaient pas au modèle que van Hogendorp avait en tête. Les besoins portaient sur de petites sociétés dans lesquelles les apprentissages techniques et disciplinaires pourraient se développer sur un terrain fertile. La même chose valait pour les théories sur les conversions des populations telles qu'elle étaient développées chez les missionnaires autour de 1800. Plus développée était une religion, comme l'islam et l'hindouisme, plus les conversions étaient difficiles. Voir Sens, 2001, *passim*.

L'Afrique : Elmina et la colonie du Cap

Dans le cas des Provinces-Unies, on relève l'élaboration de plusieurs projets d'établissement de nouvelles colonies de plantations en Afrique du Sud et de l'Ouest, autour d'Elmina et à l'intérieur des terres. Au XVIIIe siècle, les activités dans ce domaine étaient limitées et lorsqu'elles existaient, les initiatives venaient d'organisations privées (la *VOC*, la *WIC*) et individuelles. Au début du XIXe siècle, la colonisation dans cette partie du continent africain était perçue comme une solution à l'abolition à venir de la traite négrière et à ses conséquences futures. Elle était en outre portée par l'État. L'un des arguments développés reposait sur l'idée que sur la terre fertile africaine se trouvait un nombre abondant d'ouvriers agricoles. En déplaçant l'économie de plantation des Caraïbes vers l'Afrique, la traite atlantique était vouée à une éventuelle disparition. Entre 1803 et 1806, soit la période pendant laquelle le gouvernement batave reprit possession de la colonie du Cap, le missionnaire Jacobus Kicherer proposa d'établir une bergerie à Grote Zakrivier afin de « civiliser » la région du Khoikhoi, tandis que Gijsbert Karel van Hogendorp présenta un projet d'établissement d'une colonie d'esclaves libres en Plettenbergbaai, peuplée de colons (de préférence des petits fermiers et des artisans), à partir de laquelle les missionnaires civiliseraient et éduqueraient la région du Khoikhoi. Van Hogendorp était un membre distingué de la Société des Missionnaires néerlandais fondée en 1797 (*Nederlandsch Zendeling Genootschap, NZG*) qui s'était engagée dans un programme de conversion des non-chrétiens dans le monde entier[29]. Van Hogendorp pensait que la colonisation allait augmenter le volume du commerce maritime et dans le même temps alléger la mère-patrie de toute une population au bord de la misère. Il dirigeait son attention vers les « nouvelles » terres au-delà de la ville du Cap.

29. Sur les sociétés de missionnaires néerlandaises, voir J. Boneschansker, *Het Nederlandsch Zendeling Genootschap in zijn eerste periode. Een studie over opwekking in de Bataafse en Franse tijd*, Leeuwarden, 1987 ; Sens, 2001, ch. 3.

Les nouveaux arrivants venus des Pays-Bas allaient donner un nouvel élan à la « civilisation européenne »[30]. Selon lui, la réussite reposait sur un système de petites propriétés. Si sa campagne de recrutement d'immigrants et d'investisseurs venus des Pays-Bas sembla un succès[31], finalement, ce type de projets de colonisation devaient rester ce qu'ils étaient au départ : uniquement des projets. Quelques années plus tard, en 1807, le gouverneur d'Elmina, Pieter Linthorst, proposa un projet de colonisation au gouvernement de La Haye.

Après 1814, le ministre néerlandais du Commerce et des Colonies, Johannes Goldberg, essaya de mettre en place ces projets ainsi que d'autres. Les plantations devaient être établies et exploitées par des Africains (libres). Des jeunes gens européens en parfaite santé, des femmes et des enfants (orphelins de préférence) devaient être incités à émigrer vers l'Afrique. Les mariages mixes seraient admis afin d'élever des enfants pouvant survivre au climat tropical. Outre la création de plantations, il était aussi proposé que le commerce intérieur soit intensifié, tandis que les possibilités d'extraction de l'or seraient étudiées. L'une des pistes évoquées était de faire venir des esclaves instruits des Antilles afin de travailler la terre[32] en écho aux activités des organisations telles que la Compagnie britannique de la Sierra Leone ou la Société américaine de colonisation, et leurs projets de colonisation respectifs en Sierra Leone et au Libéria. Herman Willem Daendels arriva à Elmina au début de 1816 comme nouveau gouverneur des « possessions hollandaises sur la côte de Guinée ». Ses instructions étaient vastes et en raison de la mauvaise situation financière du moment, presque impossibles à remplir. En plus d'essayer de mettre fin aux guerres indigènes, de maintenir l'abolition de

30. Gijsbert Karel van Hogendorp, *Verhandelingen over den Oost-Indischen handel…*, *op. cit.* ; Verberne, 'Gijsbert Karel en Zuid-Afrika', *op. cit.*, nr. 1, p. 14-19 ; Boneschansker, *op. cit.*, p. 76-77 ; Henriette de Beaufort, *Gijsbert Karel van Hogendorp. Grondlegger van het Koninkrijk*, Rotterdam 1979[4], p. 186-190.

31. Verberne, 'Gijsbert Karel en Zuid-Afrika', *op. cit.*, nr. 2, p. 143-144.

32. Piet Emmer, *Engeland, Nederland, Afrika en de slavenhandel in de negentiende eeuw*, Leiden, 1974, Part II, p. 51-82.

la traite négrière, et de réaliser un inventaire global des établissements coloniaux, il dut également organiser un système de plantation dans lequel la coopération avec les royaumes africains, fournissant terres et travail, devrait être partie intégrante. Ces établissements à venir sur lesquels travaillaient des fermiers africains avaient pour but de produire pour le marché international[33]. La même année, Rogier van Polanen critiqua le programme de colonisation en direction d'Elmina et de ses environs qui était, selon lui, par trop oppressif envers les populations indigènes. Il justifiait en premier lieu ses critiques par la reprise de la traite négrière que cela entraînerait. D'autre part, la tromperie des Européens achetant des terres aux rois et aux princes africains, une fois découverte, entraînerait auprès de ces derniers un sentiment de déception, comme ce fut le cas partout ailleurs. Une augmentation des réclamations de terres conduirait, selon van Polanen, à une augmentation proportionnelle du la traite négrière (pourtant interdite), accompagnée de terribles conséquences pour les terres intérieures situées en Afrique occidentale. Les Néerlandais devraient suivre l'exemple de la Grande-Bretagne, qui, après l'abolition de la traite négrière, s'était parfaitement maintenue économiquement, compte tenu de l'augmentation du volume des échanges entre l'Afrique et l'Angleterre. Enfin, ajoutait van Polanen, les Néerlandais devaient aussi s'inspirer de la forte croissance de la colonie libre de la Sierra Leone[34].

Daendels s'attacha aussi tout particulièrement aux infrastructures. Il fit construire des routes[35], comme celle entre Elmina

---

33. Paul VAN 'T VEER, *Daendels. Maarschalk van Holland*, Zeist / Antwerpen, 1963, p. 199-200.
34. Rogier Gerard VAN POLANEN, *Brieven betreffende het bestuur der koloniën en bevattende eene beoordeling van een werkje, over dat onderwerp uitgegeven, getiteld: Java. Waarbij gevoegd zijn eenige belangrijke authentieke stukken, welke een nieuw licht verspreiden over het vorig bestuur aldaar van den Gouverneur-Generaal H.W. Daendels*, Amsterdam, 1816, p. 45-50.
35. L'une des grandes réusssites historiques de Daendels en tant que gouverneur de Java (ou comme *nadirs* devrait-on dire), fut le bâtiment de la 'Grote Postweg' (*Jalan Raya Pos* en indonésien), qui a énormément amélioré la diffusion du courrier à Java, mais également le commerce et les transports militaires de l'Ouest vers l'Est.

et le village de Simbo situé à l'intérieur des terres, où l'eau potable et une main-d'œuvre étaient disponibles. Daendels recruta des cantonniers parmi les Kru (ou Krumen) sur la base d'un salaire mensuel de cinq florins et d'un hébergement gratuit. Son intention était d'utiliser ces Krumen pour travailler dans les plantations[36].

En février 1817, Daendels indiqua au roi que, selon lui, la Guinée permettrait de remplacer les colonies perdues (Essequebo, Berbice et Demerara, aujourd'hui la Guyana). Il continuait en comparant l'Afrique de l'Ouest à Java : les royaumes africains devaient être réduits à la subordination, comme ce qui fut fait à Java. Mais la plus grande différence à mettre en place entre les deux régions reposait sur le fait qu'en Guinée la propriété foncière légale devrait être fondée sur une base libre et privée. Les propriétaires indigènes devraient exploiter les terres à l'aide d'ouvriers autochtones, soit des esclaves, soit des engagés sous contrat, soit des travailleurs libres. Daendels jugeait nécessaire d'avoir recours au travail des esclaves dans ces plantations africano-européennes mixtes qu'il avait en tête, mais au bout de dix ans de travail les esclaves devaient être affranchis. Avant tout, il jugeait nécessaire que les familles néerlandaises qui possédaient un minimum de ressources financières migrent vers la côte ouest africaine pour superviser ces colonies de plantation. Il développa même une campagne de recrutement en direction de ces familles aux Pays-Bas[37].

Après la mort de Daendels en mai 1818 les développements coloniaux connurent un ralentissement. Les projets visant à coloniser des territoires d'Afrique de l'Ouest n'aboutirent pas ou ne furent simplement pas réalisées[38]. À la place d'une colonisation (européenne), le gouvernement néerlandais s'engagea à partir des années 1830 dans un recrutement africain (Ashanti) pour les forces armées de l'archipel indonésien. La

---

36. Paul VAN 'T VEER, *Daendels. Maarschalk van Holland, op. cit.*, p. 201.
37. VAN 'T VEER, *idem*, p. 201-202.
38. En 1872 les Néerlandais vendent Elmina aux Britanniques en échange d'Aceh (Sumatra).

guerre de Java (1825-1830) en était la raison immédiate, une guerre qui avait conduit à des pertes militaires (et financières) et à la dévastation des terres agricoles[39].

En Asie : Java

La colonisation européenne systématique de l'archipel indonésien, notamment de Java, ne fut jamais une priorité des autorités néerlandaises du XVIIIe siècle et des responsables de la *VOC*. Dans les années 1740 le gouverneur Gustaaf Willem van Imhoff (1743-1750) s'y attacha en essayant en même temps de résoudre un certain nombre de problèmes auxquels la *VOC* étaient confrontée à cette époque. Il développa ainsi un projet afin d'attirer les petits agriculteurs européens à émigrer vers Java où ils devaient former la base d'un début de production agricole européenne, et plus précisément de production horticole. En tant que fermiers-locataires, ces derniers étaient censés cultiver des légumes, des fruits, ainsi que d'autres cultures en direction de la population urbaine en complément d'une alimentation à base de riz[40]. Van Imhoff s'inspirait de la colonisation européenne de la province du Cap en Afrique du Sud, qui s'était produite sous l'égide de Jan van Riebeeck, à partir du milieu du XVIIe siècle, comme ce serait aussi le cas pour Gijsbert Karel van Hogendorp, quelques soixante années plus tard[41]. A l'origine une simple étape pour les navires de la *VOC*, la colonie du Cap devait rapidement devenir une véritable colonie de peuplement, ou une « colonie pure », selon la typologie de Dirk van Hogendorp[42]. Cependant, toutes les possessions

---

39. Entre 1831 et 1872 plus de 3.000 soldats Ashanti furent recrutés pour l'armée royale des Pays-Bas des Indes orientales (Koninklijk Nederlandsch-Indisch Leger, KNIL). Beaucoup de ces hommes étaient des esclaves et des affranchis au moment de leur recrutement. Voir : Ineke van Kessel, *Zwarte Hollanders. Afrikaanse soldaten in Nederlands-Indië*, Amsterdam, 2005.
40. De Haan, *Priangan*, *op. cit.*, vol. 1, p. 266-276, vol. 2, p. 530-537 et vol. 4, p. 91-129.
41. G.K. van Hogendorp, *Verhandelingen over den Oost-Indischen handel*, *op. cit.*, p. viii-x.
42. Dirk van Hogendorp, *Du système colonial de la France*, *op. cit.*, p. 8.

d'outre-mer en Afrique et en Asie étaient peuplées par un mélange d'Européens « purs », de « créoles », de populations autochtones ainsi que par des esclaves (importés). Dans les élites coloniales, on pouvait trouver de nombreux descendants issus de « mariages » mixtes, hommes et femmes mélangés, en une pratique courante. La colonie du Cap ne faisait pas exception à la règle, tout comme Java. Là-bas, les Chinois avaient joué un rôle important en tant que commerçants (sur un plan régional et local) ou comme intermédiaires dans le domaine agricole (plantations et autres), ou encore dans l'industrie et les services ; certains d'entre eux étant même devenus extrêmement riches[43].

Vers 1800, le *Raad der Asiatische Bezittingen en Etablissementen* (Conseil des possessions et des établissements asiatiques) demanda à des experts, en particulier Dirk van Hogendorp et Sebastiaan Cornelis Nederburgh, de le conseiller sur sa future politique coloniale. L'une des questions qui leur étaient posées était de savoir si, et dans quelle mesure, il serait utile et nécessaire de réformer les possessions des Indes orientales dans la continuité de celles des Antilles. L'autre question était de savoir s'il serait plus rentable pour l'Empire néerlandais et ses habitants de maintenir un système colonial fondé sur une compagnie en situation de monopole ou bien de la remplacer par un système libre-échangiste ouvert à tous les citoyens néerlandais. En cas de réponse affirmative, il fallait aussi en préciser les conditions et les règlements. Dans sa réponse, Nederburgh concluait que la comparaison entre les colonies des Antilles et celles des Indes orientales ne pouvaient être établies en raison de leurs caractéristiques très différentes. Les possessions antillaises étaient fondées sur l'esclavage, ce qui n'était pas le cas de celles des Indes orientales. L'exemple de Saint-Domingue, et les conséquences de l'abolition française de l'esclavage, était une preuve suffisante pour Nederburgh que le travail des esclaves sous une forme ou une autre était nécessaire dans ce type de colonie. Java devait être considérée selon ses

43. Bosma and Raben, *Being 'Dutch' in the Indies*, *op. cit.*, p. 7-8.

propres singularités. Les Javanais ne devaient pas être soumis à des changements « révolutionnaires », comme la division et la propriété foncière des terres arables pour le peuple, ou le libre choix du mode de culture, ou encore l'abrogation de la corvée obligatoire, comme Dirk van Hogendorp l'avait proposé. En fin de compte, ce genre de réformes n'entrainerait que misère et esclavage. Le maintien du *statu quo*, voilà la meilleure chose à faire, concluait Nederburgh[44].

Dirk van Hogendorp était farouchement opposé au système en vigueur à Java – rien de plus qu'un « système de vol légalisé et de pillage » – et il critiquait Nederburgh pour ses positions conservatrices[45]. Contrairement à Nederburgh, van Hogendorp se faisait l'avocat du système anglais développé dans le sous-continent indien, et plus particulièrement au Bengale par Lord Cornwallis, depuis les années 1780. Quelques-unes des caractéristiques de ce système reposaient sur les concessions de terres, la libre disposition des produits dérivés et un système fiscal équitable. La seule chose que Nederburgh proposait était finalement que le commerçant (le *koopman*) passe d'une entreprise privée (l'ancienne *VOC*) à une entreprise d'État (la République batave). Pour van Hogendorp une telle position était inadmissible[46].

Sous la gouvernance de Thomas Stamford Raffles (1811-1816) les Européens eurent la possibilité d'acheter ou de louer des terres agricoles dans plusieurs régions de Java, ce qui signifiait

---

44. Sebastiaan Cornelis NEDERBURGH, *Verhandeling over de vragen: of, en in hoe verre, het nuttig en noodzakelijk zijn zoude, de Oost Indische bezittingen van deezen staat [...] te brengen op den voet der West Indische volkplantingen; [...]* Den Haag, 1802, p. 54-65. Il est intéressant de relever que Nederburgh n'insiste pas sur la répartition de la propriété foncière dans les économies de plantations esclavagistes des Antilles.
45. Ce qu'il fit dans : *Nadere uitlegging en ontwikkeling van het stelsel van Dirk van Hogendorp. [...]. In antwoord op het onlangs uitgekomen werk van den gewezenen Commissaris Generaal S.C. Nederburgh [...]*, Den Haag, 1802, p. 1-32. Une année avant que van Hogendorp ne publie ses réflexions sur la situation économique et financière des Indes orientales dans : Dirk van Hogendorp, *Stukken raakende den tegenwoordigen toestand der Bataafsche bezittingen in Oost-Indie en den handel op dezelve*, Den Haag and Delft, 1801.
46. Dirk VAN HOGENDORP, *Nadere uitlegging en ontwikkeling*, *op. cit.*, p. 6-8, 19-21, 33.

une rupture avec les pratiques de la *VOC* et de ses successeurs. Raffles introduisit également, en 1813-1815, un « système de rente foncière » (*landrentestelsel*) fondé sur la propriété foncière de l'État colonial, sur la collecte des récoltes et des loyers et sur la mise en location de terres proposées aux fermiers et soumises à des baux de location[47]. Les autorités considéraient comme relevant de leur devoir de protéger les intérêts des autochtones contre les potentiels actes répréhensibles et les atrocités de ces nouveaux propriétaires, mais également contre ceux perpétrés par les Chinois et les Javanais. Concernant ces derniers, il s'agissait de les protéger des agissements des princes ou des hauts fonctionnaires. Mais les citoyens ressentaient aussi une obligation morale de veiller sur les droits, le bien-être et la prospérité de leurs « frères humains ». À la fin de l'année 1815, la *Java Benevolent Institution* fut fondée à Batavia sur le modèle de l'Institut africain britannique[48] (1807), qui avait lui-même plus ou moins succédé à la Compagnie de la Sierra Leone. L'objectif principal de la *Java Benevolent Institution* était de contrer la traite des esclaves dans les Indes orientales en aidant au maintien de l'abolition de la traite transatlantique promulguée en 1807-1808, tout en soutenant des solutions alternatives (par le travail) pour les habitants de ces régions afin de faire d'eux des gens civilisés et heureux[49].

Entre 1816 et 1830, la colonisation européenne dans l'archipel indonésien n'était pas seulement la priorité des responsables politiques néerlandais et indiens, elle provoqua aussi dans

---

47. Thomas Stamford Raffles, *The History of Java*, 2 vols., Oxford/New York/Melbourne, 1978 (orig. London, 1817), p. 151-161.
48. Sur la naissance de la société philanthropique , voir : *Java Government Gazette*, 9 December 1815, p. 3. Le gouverneur Thomas Stamford Raffles était parmi les premiers membres de la société, *Java Government Gazette*, 9 décembre 1815, p. 4 et 6 janvier 1816. Raffles s'attacha également intensément à ranimer la Société batave pour les Arts et les Sciences.
49. L'institution africaine avançait dans ses statuts que ni la colonisation, ni le commerce ne devraient être utilisés afin de « civiliser » l'Afrique et ses habitants, mais « qu'elle devait s'attacher à diffuser le savoir et stimuler l'industrie en Afrique par des méthodes adaptées à la situation et aux coutumes de ses habitants ». *Report of the Committee of the African Institution, read to the General Meeting on the 15th July, 1807* [...], London, 1807, p. 55-57, citation p. 56.

les années 1820 un débat politique et public enflammé, en particulier lorsque l'on examina attentivement la politique du gouverneur van der Capellen. Les participants à ce débat évoquaient l'échec de l'expérience de van Imhoff des années 1740 qui visait à attirer les fermiers européens. Les partisans de la colonisation européenne, le groupe des « réformateurs éclairés », faisaient la promotion d'une colonisation à la solde d'investisseurs européens financièrement solides, qu'ils présentaient comme une solution aux problèmes économiques et financiers auxquels étaient confrontés à la fois la métropole et les Indes orientales.

Après 1816, Européens et Chinois demandèrent l'autorisation du gouvernement de s'implanter comme entrepreneurs agraires ou propriétaires de plantations. Il semblerait que quelques Hollandais se trouvaient parmi eux. Le gouvernement colonial était réticent à répondre favorablement à ces demandes. Il voulait obtenir davantage de temps afin d'étudier les conséquences de la vente et/ou de la location de ces terres. Une telle décision nécessitait l'approbation ou le désaveu du roi Guillaume Ier. La question traîna pendant de nombreuses années, mais nullement en raison des conséquences prévisibles pour les peuples autochtones pour qui les garanties contre les malversations et l'oppression étaient indispensables[50].

Le premier gouverneur, après le départ de Java de Raffles, fut G.A.G.Ph. (Godert) van der Capellen (1816-1825/6). En 1815, il partit pour Java en tant que l'un des trois membres de la Commission générale, avec instruction de récupérer les possessions britanniques des Indes orientales et d'étudier la situation dans laquelle se trouvait ces colonies. Guillaume Ier adjoint à la Commission, sous le titre de conseiller général, le savant Caspar G.C. Reinwardt qui était chargé, quant à lui, de rédiger un rapport de la situation actuelle de Java. Reinwardt envisageait de réformer le système de santé publique ainsi que le système éducatif à Java. Il initia également la création

50. Theo Stevens, *Van der Capellen's koloniale ambitie op Java. Economisch beleid in een stagnerende conjunctuur, 1816-1826*, Amsterdam, 1982, p. 120-123, 135-140.

d'un jardin botanique à Buitenzorg, près de Batavia, comme un moyen de favoriser et d'améliorer l'agriculture et enfin s'engagea dans la recherche scientifique dans le domaine de l'« histoire naturelle ». La Commission, accompagnée de Reinwardt, voyagea intensément autour de Java, Sulawesi, aux Moluques et dans les autres îles de l'archipel[51].

Connu pour son attitude « éclairée » et « libérale », van der Capellen avait une vision claire des questions socio-économiques. Il proposa d'introduire un système scolaire « moderne », permettant aux enfants autochtones d'apprendre à lire et à écrire. Il déclara que l'éducation devrait être laissée aux mains du gouvernement, et non pas à celles des Églises et des missionnaires. Au lieu de leur enseigner la *Bible*, ils devaient s'appuyer sur des lectures « éclairantes » afin de devenir d'abord des *êtres humains*[52], puis des membres utiles à la société : « un meilleur système éducatif doit aller de pair avec la sécurité des biens de la terre, avec l'encouragement à l'assiduité et au travail, avec la protection du gouvernement et avec un traitement équitable et humain de la population dans son ensemble[53]. » À partir de 1815, Johannes van den Bosch publia régulièrement des textes portant sur les colonies d'outre-mer[54] ainsi que sur les colonies agricoles des Pays-Bas dans une volonté de soulager les

51. Andreas Weber, *Hybrid Ambitions. Science, governance, and empire in the career of Caspar G.C. Reinwardt (1773-1854)*, Leiden, 2012, p. 115-177 ; sur le jardin botanique : p. 132-137.

52. I.H. Enklaar, *Joseph Kam. 'Apostel der Molukken'*, 's-Gravenhage, 1963, p. 108, note 58.

53. Cité dans Stevens, *Van der Capellen's koloniale ambitie op Java, op. cit...* p. 3 (traduction de l'auteur)

54. Anonyme : [Johannes van den Bosch], *Brief, inhoudende eenige onpartijdige aanmerkingen op eene memorie, onlangs in het licht verschenen, onder den titel van: Staat der Nederlandsche Oostindische bezittingen onder het bestuur van den gouverneur-generaal Herman Willem Daendels*, 's Gravenhage, 1815. Il fut publié le même jour qui vit le depart de Daendels pour Elmina ; voir J.J. Westendorp Boerma, *Een geestdriftig Nederlander. Johannes van den Bosch*, Amsterdam, 1950, p. 18-19. Johannes van den Bosch, *Nederlandsche Bezittingen, in Azia, Amerika, en Afrika, in derzelver toestand en aangelegenheid voor dit Rijk, Wijsgeerig, Saatshuishoudkundig en Geographis beschouwd [...]*, 's Gravenhage et Amsterdam, 1818, 2 vols.

pauvres néerlandais, pour lesquels il fonda le *Maatschappij van Weldadigheid* (La Société de Bienfaisance) en 1818[55].

Dans son étude (1818) en deux volumes sur les colonies situées en Asie, en Amérique et en Afrique, van den Bosch se penchait sur les échecs des nombreuses expériences qui, tout au long du XVIIIe siècle et au tout début du XIXe siècle, avaient cherché à intensifier la production coloniale dans les Indes orientales à destination de l'Europe et/ou du marché mondial. Il distinguait quatre principaux obstacles à la réforme économique et sociale. Tout d'abord, la faible productivité des peuples autochtones, puis le volume insuffisant de la plupart des cultures commerciales, ensuite la « nature » du gouvernement autochtone, en termes de travail et de morale, et enfin la puissance inadaptée des Néerlandais[56]. Van den Bosch considérait la « nature » du peuple javanais comme l'obstacle principal à une colonisation plus intense d'une île pourtant la plus importante des Indes orientales. La douceur du climat et le sol fertile auraient entraîné le Javanais dans « l'indolence » Associée à un système foncier « féodal » et à des relations de travail singulières, leurs politiques de subsistance étaient responsables de l'attitude des Javanais envers la vie et le travail. Il voyait deux manières de changer cette attitude : l'une était la création d'un marché intérieur pour des biens de consommation (européens) et l'autre était de les forcer à travailler par la perception de taxes ou d'impôts en nature. Ce n'était, selon lui, que par un système de travail forcé qu'il était possible de générer des revenus suffisants pour maintenir une colonie viable et saine. Et s'il reconnaissait que les Européens payaient très mal les Javanais pour le fruit de leur labeur, ce salaire devait être considéré comme un simple encouragement afin de les former à

---

55. Johannes VAN DEN BOSCH, *Verhandeling over de mogelijkheid, de beste wijze van invoering, en de belangrijkste voordelen eener algemeene armeninrigting in het rijk der Nederlanden, door het vestigen eener landbouwende kolonie in deszelfs Noordelijke gedeelte*, Amsterdam, 1818. Sur van den Bosch et 'The Benevolent Society' voir J.J. Westendorp BOERMA, *Johannes van den Bosch als sociaal hervormer. De Maatschappij van Weldadigheid*, Groningen, 1927.
56. Johannes VAN DEN BOSCH, *Nederlandsche Bezittingen, in Azia, Amerika, en Afrika [...], op. cit.*, vol. 1, p. 217-253.

devenir de véritables ouvriers agricoles disciplinés. Ce n'était pas un véritable salaire, la rétribution d'un travail fourni. Les gouvernements néerlandais et coloniaux devaient donc s'attacher à rendre le système de travail forcé moins désagréable ou encore lui donner l'apparence d'un régime fiscal équitable. Afin d'éviter que le peuple pense qu'il était forcé de payer des impôts pour les Néerlandais – les Javanais n'avait aucun sentiment d'appartenance à la Hollande, remarquait, avec un grand sens de la litote, van den Bosch – il était nécessaire de les lever par l'intermédiaire des souverains et des gouverneurs indigènes et ainsi en conserver le décorum. Les deux seules façons de rendre les Javanais imposables étaient soit par la pure violence, soit par l'usage de la ferme autorité des principautés indigènes théoriquement indépendantes. La violence et la guerre se sont révélées être pires que le mal, de telle sorte que la deuxième option était la meilleure façon de sécuriser les possessions coloniales et les revenus qu'elles généraient au profit de la métropole[57].

Toutefois, un changement fondamental avait eu lieu dans la position au sein de la société des élites indigènes. En effet, « l'ancien régime » reposait sur un modèle de gouvernement indirect, mais les réformes administratives de Daendels l'avaient remplacé par un modèle de règlement direct qui incorporait les élites indigènes dans une bureaucratie néerlando-européenne, ce qui avait eu pour résultat de les dépouiller de leur autorité « traditionnelle ». Van den Bosch préférait le modèle indirect car le nouveau système administratif avait conduit à des troubles, des conflits endogènes et même à la guerre. La guerre de Java (1825-1830) en était un excellent exemple, comme il devait l'expliquer dans les années 1830[58].

---

57. [Van den Bosch], *Brief, inhoudende eenige onpartijdige aanmerkingen*, 1815, p. 3-4, 7-16, 78-79.

58. Albert Schrauwers, 'The « Benevolent » Colonies of Johannes van den Bosch. Continuities in the administration of poverty in the Netherlands and Indonesia', in: *Comparative Studies in Society and History*, vol. 43, nr. 2 (2001), p. 298-328, p. 318-319. Vingt ans après sa mort, les réflexions de Johannes van den Bosch furent publiées : *Mijne verrigtingen in Indië. Verslag van Z. Excellentie den Commissaris Generaal J. van den Bosch, over de jaren 1830, 1831,*

Alors que Dirk van Hogendorp fondait principalement ses réformes sur la terre (sur la propriété et le libre choix de la culture), Van den Bosch, quant à lui, s'attachait avant tout au travail (sa disponibilité et son usage), son raisonnement reposant sur le développement éducatif et économique du travail. En autodidacte, van den Bosch étudiait « l' économie politique » de son temps, en s'appuyant sur les travaux d'Adam Smith ainsi que sur ceux d'autres penseurs influents. Mais son expérience personnelle aux Indes orientales (il fut en poste à Java entre 1799 et 1810 avant d'être expulsé par le gouverneur Daendels) lui avait fourni une connaissance pratique et la compréhension de la gestion des plantations coloniales et des problèmes qui en découlaient. La recherche de solutions aux obstacles culturels, sociaux et même psychologiques du développement d'une force de travail organisée et disciplinée dans les colonies et même dans les Pays-Bas, l'amena à combiner les concepts économiques et politiques à l'économie sociale et morale. Il fut capable de mettre en pratique ses politiques et activités « constructivistes » en métropole et dans les colonies en tant que gouverneur à la fois des colonies antillaises et des Indes orientales et comme ministre des Colonies sous Guillaume Ier[59].

Une des stratégies pour résoudre les problèmes politiques et économiques qui frappaient à la fois la métropole et les colonies fut la création de la *Nederlandsche Handel Maatschappij* (« Compagnie néerlandaise de Commerce » *NHM*) en 1824. La *NHM* était une société royale active dans plusieurs secteurs : commerce, banque, manufacture et prévoyance sociale. Elle lança un programme fondé sur l'« économie sociale » plutôt que sur la nouvelle science libérale de l'économie politique. Certains considéraient le *NHM* comme le successeur « moderne » de la *VOC*, mais elle représentait en fait un phénomène tout à fait

---

1832 en 1833, door Z. Excell. zelv' opgesteld en overhandigd aan zijnen opvolger den Gouverneur Generaal ad interim J.C. Baud [...], Amsterdam, 1864.

59. Une très intéressante comparaison entre les politiques de van den Bosch – sur la pauvreté et le secours aux pauvres – dans les Pays-Bas et ses colonies est proposée par SCHRAUWERS, 'The « Benevolent » Colonies of Johannes van den Bosch, *op. cit.*, p. 298-328.

nouveau. Le principe de la *NHM* consistait à gérer « une série de filières interconnectés » auxquelles les Néerlandais ainsi que les sujets des colonies (de Java) étaient reliés et qui desservaient les (nouveaux) marchés intérieurs à la fois aux Pays-Bas et outre-mer[60]. Mais l'administration de van der Capellen fut accueillie par de sévères critiques tant à Java qu'en métropole. A son départ de Java en 1826, les Indes orientales étaient dans un état de quasi-faillite. L'un de ses plus virulents détracteurs était Jacobus Elisa Doornik. Ce médecin et chirurgien, qui avait quitté les Pays-Bas en 1817 pour émigrer à Java, publia à la fin de 1826 son *Vrijmoedige Gedachten over Neêrlands Indië* (*Pensées franches sur les Indes orientales néerlandaises*) dans lequel il accusait van der Capellen et son administration de s'être engagés dans des politiques contraires aux ordres de Guillaume Ier. Même si ces ordres étaient pour le moins vagues et imprécis, leur fondement reposait sur un socle libéral, établi sur le libre-échange, le libre choix des cultures, l'abolition de l'esclavage et du travail forcé, l'autonomie des colons et, enfin, un nombre le plus limité possible de fonctionnaires. La colonisation européenne devrait être encouragée par l'octroi de terres, en favorisant l'immigration des Européens vers l'Est. Mais, en 1823, van der Capellen devait suspendre la vente, ou la location, de terres, ce qui aboutit à des débats enflammées et à des lettres de mécontentement envoyées à Guillaume Ier.

Tout comme Gijsbert Karel van Hogendorp l'avait proposé pour la colonie du Cap une vingtaine d'années auparavant (avec à l'esprit l'exemple des États-Unis), Doornik opta pour une position beaucoup plus indépendante de l'archipel indonésien vis-à-vis de la métropole, parce que « l'indépendance est un principe inné de chaque colonie ». Sur le long terme, précisait Doornik[61], toutes les colonies devaient devenir indépendantes afin d'être utiles et rentables pour l'Europe. Mais,

60. Albert Schrauwers, 'Policing production. Corporate governmentality and the Cultivation System', in: *Focaal. Journal of Global and Historical Anthropology*, nr. 61 (2011), p. 75-90, réferences p. 76, 79-80.

61. Doornik, *Vrijmoedige gedachten over Neêrlands Indië*, Amsterdam, 1826, p. 30. Doornik consacra un chapitre à la colonisation, p. 160-219.

Vrijmoedige Gedachten était considéré comme un danger pour l'État et Doornik dut s'enfuir pour les États-Unis[62].

Le nouveau gouverneur Leonard Du Bus de Gisignies présenta en 1827 son « Rapport de colonisation » dans lequel une fois pour toutes, il essayait de résoudre plusieurs questions encombrantes. Il proposait de permettre et d'encourager les investissements privés des Néerlandais ainsi que ceux des « étrangers ». Mais le commerce de produits coloniaux devait rester entre les mains des Néerlandais, soit des entrepreneurs privés, soit de l'État (ou d'une organisation telle que la *NHM*). Du Bus de Gisignies, assisté de Willem van Hogendorp (le fils aîné de Gijsbert Karel), s'inspira du « système libéral » de Dirk van Hogendorp et du « système de la rente foncière » de Raffles. Mais, selon lui, le « système de la rente foncière » ne conduisait pas à une juste redistribution des terres, seule l'extension des terres arables le permettrait. De là, il aboutit à une proposition de vente de terres incultes, mais fertiles, aux « capitalistes européens » : des investisseurs privés et de futurs planteurs. Selon Du Bus de Gisignies, la sous-production des cultures commerciales provenait de l'insuffisance des investissements en capital et non en raison du maintien d'une véritable société « féodale » javanaise oppressive[63]. Nous avons mentionné un peu plus haut le successeur de Du Bus, Johannes van den Bosch, qui devait obtenir un reconnaissance internationale avec sa *Société de Bienfaisance* aux Pays-Bas et l'introduction de la *Cultuurstelsel* (système de culture) à Java, qui allait fonctionner de 1830 à

62. Wim van den Doel and Pierre Vinken, 'Jacob Elisa Doornik. Een vroeg-negentiende-eeuws koloniaal criticus', in: *Tirade*, 47 (2003), p. 77-99. Certains qualifient même Doornik de subversif. En 1808 il publia *Wijsgeerig-natuurkundig onderzoek aangaande den oorspronglijken mensch, en de oorspronglijke stammen van deszelfs geslacht*, dans lequel il établissait la provenance de l'humanité des anthropoïdes et développait des idées monogéniques et polygéniques, soit des sujets considérées comme une atteinte sévère à la foi chrétienne et à la *Bible*. Voir Sens, 2001, p. 48-49, 59-60.

63. 'Rapport van den Commissaris-Generaal Du Bus, over het stelsel van kolonisatie' [1 May1827; avec des annexes]: (re)publié in D.C. Steijn Parvé (samenst.), *Het koloniaal monopoliestelsel getoetst aan geschiedenis en staatshuishoudkunde*, Zaltbommel, 1851; Bart de Prins, *Voor keizer en koning. Leonard Du Bus de Gisignies 1780-1849. Commissaris-Generaal van Nederlands-Indië*, Amsterdam, 2002, p. 153-177.

1870. Mais il s'agit là d'expériences portant sur des périodes chronologique situées au-delà de cet article[64].

Conclusion

Certes, les Indes orientales néerlandaises ont été considérées comme une pépinière idéale de projets pour une société en « chantier », mais seulement lorsque les conditions du début du XIXe siècle pour la mise en œuvre de ces projets de colonisation ont semblé être réunies, parfois même uniquement dans l'esprit de leurs concepteurs. Au cours du XVIIIe siècle, l'accent a été souvent placé sur la recherche de moyens internes afin de guérir un corps malade - qu'il s'agisse de la *VOC* (et de la *WIC*) ou des sociétés néerlandaises et coloniales au sens large. Dans ce cadre, des sociétés sans lendemains furent fondées et elle agirent comme des intermédiaires et des plates-formes pour des débats portant sur la dimension pratique des réformes et des redressements envisagés. Autour de 1800, et surtout après 1816, se sont présentées des circonstances favorables à la mise en place de réformes et de changements plus radicaux, sollicités par l'État naissant – et centralisé – de Guillaume Ier. La nouvelle génération de conseillers, de dirigeants et d'hommes d'État – dans les colonies – dont beaucoup avaient fait une carrière dans la métropole ou dans les colonies dans les années révolutionnaires et/ou sous la domination française, ont joué un rôle déterminant dans cette histoire. Leurs discours, fondés sur les Lumières, sur le « libéralisme » et l'abolition de la traite négrière et de l'esclavage, ont obtenu une audience de plus en plus large auprès d'un public lui-même de plus en plus réceptif. Ancrés dans les nouveaux concepts de « civilisation », ces discours fondés sur des idées essentialistes donnèrent naissance aux idéaux de constructivisme social.

64. Sur van den Bosch et les systèmes de cultures, voir par exemple *Schrauwers*, 'Policing production', *op. cit.*, et Ulbe Bosma, 'Dutch imperial anxieties about free labour, penal sanctions and the right to strike', in Alessandro Stanziani (ed.), *op. cit.*, p. 63-85.

Au début du XIXe siècle, on peut avancer l'idée que les notions d'interdépendance et de réciprocité entre les Pays-Bas et leurs colonies étaient définitivement nouveaux, les activités de Johannes van den Bosch et l'établissement de la *NHM* en étant des exemples éloquents. Souvent présentées en termes d'économie et d'économie politique, ces politiques et stratégies nouvelles englobaient pourtant un champ conceptuel beaucoup large. Elles renvoyaient aussi à la politique sociale, à la protection sociale ainsi qu'à des politiques culturelles, scientifiques et éducatives. Mais la métropole n'était pas considérée sur le même plan que ses colonies. Comme c'était déjà le cas au XVIIIe siècle, les colonies dans leur ensemble étaient perçues comme des *wingewesten* exploitées au profit de la métropole. Les projets de colonisation des trois premières décennies du XIXe siècle furent souvent présentés avec optimisme et avec une foi inébranlable dans le succès final de cette société en « chantier ». Mais les succès étaient tributaires des capitaux et des investissements humains fournis par des organismes privés et par un État solide, par la mise en place d'infrastructures matérielles et mentales dans les colonies, et par la volonté des peuples autochtones eux-mêmes d'accepter une sorte de culture occidentale (religion, philosophie du travail) sous la douce et sensible direction des Européens. Les projets élaborés pour les colonies africaines furent de courte durée : la colonie du Cap fut perdue au profit des Britanniques et l'intérêt pour Elmina fut bien trop faible. En revanche, les projets à destination de l'archipel indonésien, et en particulier de Java, semblaient beaucoup plus prometteurs. Mais autour de 1830, l'optimisme initial d'une société coloniale « construite » sur la persuasion, le respect des contrats équitables et des populations autochtones s'évanouit. La guerre de Java mit en lumière la faiblesse de l'État (financièrement et militairement) et prouva que la volonté des populations autochtones de suivre volontairement la domination coloniale restait une vue de l'esprit. Les politiques de van der Capellen, la création de la *NHM* et, finalement, la mise en place d'un système de culture forcée devaient conduire à l'émergence d'un « industrialisme agraire »[65].

65. Bosma et Raben, *Being 'Dutch' in the Indies*, *op. cit.*, ch. 4 ('Lordly traditions and plantation industrialism').

Conclusions et perspectives

Les problématiques développées au cours de cette journée sur la « colonisation nouvelle » montrent la variété et l'originalité des approches sur un sujet qui n'a été traité pour lui-même que de façon exceptionnelle, du moins dans l'historiographie francophone. Ce qu'il faut prendre ici en considération pour évaluer l'état des connaissances, ce ne sont pas tant les travaux des spécialistes et les synthèses érudites, que la présentation rapide des faits exposés dans des ouvrages de vulgarisation ou dans les manuels scolaires qui en sont malheureusement le reflet. Le premier Empire colonial français (lorsqu'il existe dans ces publications) s'achève vers 1763, avec la « perte » des deux fleurons territoriaux emblématiques que sont la Nouvelle-France et la confédération des Indes orientales. Les guerres révolutionnaires, puis impériales, parachèvent ensuite cette entreprise de destruction, jusqu'à l'éradication complète de la présence française outre-mer en 1810-1811. Cette période cruciale est envisagée, soit comme un épisode tellement complexe qu'on renonce à en dégager du sens, soit comme une séquence tellement déterminée par la puissance navale britannique que les initiatives françaises, comme la décision d'abolition *universelle* de l'esclavage, en sont réduites à l'insignifiance. Vient enfin la lente recomposition des années 1815-1850, prise entre les derniers soubresauts de la colonisation dite « moderne » (dominée par les sociétés esclavagistes) dans les derniers confettis de l'Empire – Martinique, Guadeloupe, Guyane et Réunion –, et les prémisses du deuxième Empire colonial, avec la conquête de l'Algérie, davantage présentée comme l'ébauche imparfaite de ce qui va advenir, que comme le produit d'un contexte spécifique et d'un héritage quasi séculaire.

À rebours de ces récits désarticulés et crépusculaires, le pari est de présenter la période 1750-1850 comme une séquence chronologique cohérente, à envisager pour elle-même, et non dans la perspective téléologique de la justification de ce qui est advenu (le second Empire colonial français) par la perpétuation de ce qui a superficiellement disparu avec la remise en cause des premières formes de l'expansion mondiale des puissances européennes. En clair, ceux qui mettent en avant cette dimension téléologique ont davantage pour principale préoccupation la condamnation morale d'un système pris comme un invariant – le « colonialisme » - que la démarche historique de la contextualisation des composants des rapports de force, certes, mais aussi des médiations sociales et culturelles, pour une période donnée.

Si nous nous inscrivons dans cette démarche, la première recherche est celle de l'affirmation de quelques principes clairs et structurants, qui sont autant d'objectifs à atteindre, voire à imposer à des adversaires attachés au *statu quo* de la marche du monde, telle qu'elle s'est orientée depuis l'affirmation du système mercantiliste (pour aller vite, le colbertisme en France, les actes de navigation en Angleterre). Ces principes sont ceux de la supériorité du travail libre sur le travail servile, non seulement d'un point de vue moral, mais surtout du point de vue de l'utilité économique et sociale. Cette affirmation implique la disparition de l'esclavage à un horizon plus ou moins lointain, dès qu'une nouvelle structure entrepreneuriale se sera susbstituée à l'économie extensive de plantation (nouvel avatar du *latifundium* antique, ou du grand domaine extensif de l'Europe méditerranéenne, qui en avait pris le relais).

Ce principe, défendu par les physiocrates et des Encyclopédistes comme l'abbé Baudeau, ainsi que le rappelle Alessandro Tucillo, est inséparable d'une dimension historiciste, qui est celle de la philosophie des Lumières. En fonction de facteurs techniques et naturels, les collectivités humaines passent par divers stades de développement. Chacune de ces étapes est ponctuée par des phases de transition, marquées par la métamorphose des structures anciennes, et l'émergence de potentialités nouvelles, qui offrent à l'humanité toute entière un progrès moral (un respect de l'autonomie de l'individu), politique (l'égale dignité des peuples), et technologique. Tout ce mouvement est décrit comme une spirale qui attire l'Humanité vers son unification, et que l'on peut appeler, à la suite de son théoricien le plus convaincant, Condorcet, un *processus de civilisation.* Marcel Dorigny rappelle que, dans le dernier chapitre du *Tableau des progrès de l'esprit humain,* Condorcet inscrit des considérations anthropologiques à l'horizon de la dixième et ultime étape du développement de l'Humanité. L'Homme, inséré dans un mouvement global d'échanges, est instantanément producteur et consommateur. L'homme noir, l'Africain, que l'esclavage avait dépossédé de sa condition humaine en séparant sa force productive de ses capacités créatrices et consommatrices, est pleinement réintégré dans le processus universel par la libre disposition de ses facultés. La pensée de Sismondi, dans le premier quart du XIXe siècle, s'inscrit exactement dans la continuité de cet héritage, ainsi que le rappelle Francesca Sofia. Le lien entre la civilisation et la colonisation se justifie par l'objectif de la mise en place d'une société de consommateurs. Il est attaché en outre à la définition de ces deux notions à partir de la perspective historique des stades du développement.

La colonisation est un phénomène historique qui, comme toutes les manifestations humaines, est soumise à ces règles du développement. La « colonisation ancienne » est équivalente à la colonisation de peuplement : une collectivité humaine s'installe sur un territoire supposé vierge et entreprend la domestication de la nature. Sismondi, après avoir réfléchi au colonialisme antique dans son *Histoire des républiques italiennes,* montre que cette étape était porteuse d'un idéal de civilisation.

La « colonisation moderne » est exposée dans son ambivalence par les auteurs qui contribuèrent à l'*Histoire des Deux Indes,* que l'abbé Raynal orchestra. Notre association, l'APECE, a consacré sa précédente journée d'études à Raynal, et les actes en ont été publiés. *L'Histoire des Deux Indes* juxtapose sans solution de continuité les éléments négatifs (le massacre des Amérindiens et la destruction des civilisations précolombiennes par les Espagnols, le trafic des êtres humains et les conditions inhumaines du travail sur les plantations), et les faits positifs (extension des échanges et du marché, croissance généralisée de la consommation qui fait passer l'Europe puis, par vagues, l'Amérique, du manque à l'aisance).

La « colonisation nouvelle » doit accomplir les potentialités de la phase précédente (diffusion conjointe du progrès technologique, du niveau des connaissances, et de la consommation globale), tout en en éradiquant les tares par l'abolition de l'esclavage et la fin de la prédation des richesses. Mais cette phase nouvelle, comme son nom l'indique, ne considère pas que « colonisation » et « abolition de l'esclavage » soient antagoniques. Bien au contraire, ils sont complémentaires. Comme le processus de civilisation est aussi conçu comme un mouvement dialectique, les implantations coloniales futures renouent avec la colonisation antique, mais en renonçant à l'illusion des terres vierges. La prise en compte de la finitude du monde connu impose le compromis avec des populations locales considérées désormais comme faisant partie du genre humain, et comme usufruitières des territoires à exploiter. L'*indigène* a remplacé le *sauvage* (appartenant à une collectivité sans civilisation) et le *barbare* (appartenant à un monde sans histoire). L'échange et le contrat doivent remplacer le droit de conquête.

C'est ainsi que la colonisation nouvelle est inséparable de sa dimension internationale, tout à fait inscrite au cœur de l'action abolitionniste. Les thématiques concernent une grande variété de pays où se sont développées les idées du programme le plus avancé des Lumières ; au centre bien entendu, la France et la Grande-Bretagne, mais tout aussi bien le Danemark, qui abolit la traite dès 1792, ou la Suède, qui est le pays d'origine du théoricien le plus conséquent et le plus informé des expérimentations de la colonisation nouvelle, Carl-Bernhard Wadstroem. Les métropoles impériales en crise, comme les Provinces-Unies ou l'Espagne, sont également impliquées de façon profonde, à travers le mouvement de réforme de la gestion de leurs territoires ultra-marins. Mais la réflexion engage aussi des centres intellectuels qui ne sont pas situés dans des métropoles impériales, comme l'Italie. Que l'on songe à l'importance des Lumières napolitaines, et à la portée des réflexions sur la servitude et les conditions du développement de la sphère publique d'un penseur comme Gaetano Filangieri ; ou bien à l'ampleur transnationale des écrits de Matteo Galdi, patriote napolitain et ambassadeur de la République cisalpine auprès de la République batave, qui s'inscrit explicitement dans le courant de la nouvelle colonisation.

À l'échelle globale, toutefois, le projet reste bien un projet « impérial ». Les capitaux, financiers, techniques et intellectuels, restent en Europe ; les territoires et les populations à « régénérer » et à absorber dans la spirale de la colonisation sont trans-océaniques. Les cibles se sont déplacées de l'Amérique vers l'Afrique, par rapport à la première vague de colonisation européenne moderne. L'expérience de la « colonie libre » du Sierra Leone, dès 1787, dans la lignée des projets des abolitionnistes anglo-saxons, d'Antony Benezet à Thomas Clarkson, doit être le laboratoire de la greffe de la « civilisation » des Lumières sur la « sauvagerie » africaine. D'autres territoires vont être explorés sur ces côtes de l'Afrique occidentale ravagées depuis deux siècles par la traite négrière : entre le Boulama (archipel des Bissagos, au large de la Guinée) et la rivière Formose, frontalière du Bénin et du royaume du Warri (Nigéria actuel).

À partir de ces implantations côtières, c'est l'Afrique intérieure, ses richesses supposées, ses civilisations mythiques, à l'image de la cité de Tombouctou, aux palais ruisselants d'or, qui fait rêver. C'est le Nouvel Eldorado, à défaut d'être la Nouvelle Jérusalem de Swedenborg. Mais cet espace est une grande zone blanche sur les cartes, interdite aux voyageurs européens. Aux deux bouts de cet espace clos, on se prend à rêver, et à spéculer sur un développement pacifique. Les comptoirs du Sénégal sont la jonction entre la « vieille colonisation », puisque Gorée ou Saint-Louis sont des lieux emblématiques de la traite, et des observatoires de la « nouvelle colonisation », à partir des entreprises de cultures commerciales sur les îles du fleuve Sénégal (Bernard Gainot). Et si ce fleuve n'était que le prolongement du Nil ? C'est, entre autres, par des spéculations de ce type, mais encore par bien d'autres aspects, que les laboratoires de l'Afrique noire sont reliés à l'intérêt pour l'Égypte. C'est un intérêt ancien, comme le rappelle Jean-Claude Halpern, ranimé à chaque fois que la France impériale subit des revers en Amérique : perte de la Nouvelle-France, ou ruine de l'économie de plantation à Saint-Domingue.

Le discours attribué à Talleyrand (préparé et rédigé en fait par l'Idéologue Desrenaudes), rappelé par Marcel Dorigny en introduction, est parfaitement emblématique de la place singulière de l'Égypte dans la période de transition : à la fois relais, très paradoxal, des productions de la zone tropicale, plate-forme militaire dans l'affrontement planétaire avec le Royaume-Uni, projection fantasmée d'un retour aux origines de la Civilisation. De difficultés en désillusions, entre répression et acculturation, l'aventure immédiate se termine mal. Il en subsiste toutefois un bilan à terme, qui est celui de toute cette époque de transition : un réservoir à projets pour une entreprise réformatrice, un traitement brutal des populations indigènes qui préfigure la conquête de l'Algérie. À la différence près, qui n'est pas un point de détail, que, sous Mehemet-Ali, ce sont les pouvoirs locaux qui vont conduire les réformes.

Une autre dimension paradoxale, et contradictoire, des évolutions des mondes coloniaux, est ce qui se passe en Amérique. L'Amérique n'est déjà plus le « Nouveau Monde », mais un monde intermédiaire entre la colonisation moderne et les expérimentations de la nouvelle colonisation. Claire Bourhis-Mariotti développe toutes ces ambiguïtés à partir des perspectives du retour en Afrique d'une partie de la communauté afro-américaine, toujours majoritairement plongée dans l'esclavage. C'est le projet d'implantation au Libéria, devenu État indépendant en 1847, organisé et soutenu par les activistes de sociétés de pensée essentiellement blanches, profondément convaincues de l'impossible coexistence des Blancs et des Noirs au sein d'une même nation. Cette perspective du retour vers l'Afrique ne peut que susciter la méfiance de la plupart des dirigeants de couleur pour qui elle était antinomique de l'idéal démocratique et républicain, l'égalité des droits sur un même territoire.

Ambiguïté également des projets de colonies agraires, qui se multiplièrent, du Texas à l'Argentine, comme le rappelle Clément Thibaud. Les gouvernants des nouveaux États issus de la décomposition de l'Amérique espagnole reprennent les protocoles de la colonisation nouvelle (association de la civilisation au travail libre, au développement des échanges, à la généralisation de la propriété par contrat), en anticipant une forme de retour à la colonisation antique des soldats-laboureurs, mais surtout en y voyant un moyen de faire appel à une émigration européenne, permettant de résoudre l'épineux problème de l'inadéquation des populations amérindiennes, noires et métisses aux problématiques du développement.

International dans ses aspirations, comme dans ses réalisations, le mouvement de la nouvelle colonisation ne peut être confiné dans un espace « atlantique », qui resterait celui des circuits triangulaires de la traite. Angelie Sens dresse avec pertinence et originalité le cadre des projets réformateurs néerlandais pour les Indes orientales, et tout particulièrement l'Insulinde. Il reste à explorer les raisons et les rythmes du basculement, à partir des années 1840, d'une logique à une autre. Mais on ne peut ignorer le fait qu'il y ait bien eu une rupture entre l'époque dominée par les projets de la nouvelle colonisation et celle dominée par la conquête militaire, le travail forcé et les expropriations foncières. On ne peut plus continuer à prendre pour argent comptant les interprétations an-historiques qui présentent les discours et les législations abolitionnistes comme la couverture d'un assujettissement généralisé des populations indigènes, et la colonisation comme un Phénix monstrueux se reconstituant à l'identique d'âge en âge.

À travers un état des lieux et d'une époque, cette journée d'études a posé des jalons pour un vaste tableau, le plus large possible, de la nouvelle colonisation. Nous en sommes encore à explorer un vaste chantier, dont les contours peuvent être mouvants, selon des états provisoires et des débats souhaitables. Il faut reprendre les sources, interroger, et critiquer en particulier les très nombreuses sources imprimées qui passent au filtre des discours les pratiques diversifiées des acteurs de l'entreprise coloniale : les récits de voyage, les journaux de bord, les encyclopédies (comme l'*Encyclopedia britannica*, qui est une véritable somme sur la question), les annales périodiques des sociétés savantes, qui mêlent considérations politiques, histoire naturelle et entreprises agronomiques, comme les sociétés de géographie, qui se multiplient au début du XIXe siècle, etc.

Dans cet âge des révolutions, et compte tenu de son caractère international, comme nous l'avons vu, l'enquête ne peut se confiner à un espace national et pas davantage à un espace atlantique (qui est un nouvel avatar de la civilisation *occidentale*). Il est nécessaire d'engager une approche plurielle, non sectorisée, mais respectant au plus près les configurations culturelles et topographiques locales. C'est d'autant plus important que l'évolution ultérieure va venir recouvrir et masquer les fragiles équilibres de cette époque de transition : la colonisation territoriale dans le cas de l'Afrique, ou de l'Indochine, la formation des États nationaux dans le cas de l'Amérique latine.

Enfin, il est important de bien rendre compte des cheminements idéologiques propres à toute situation historique. Je pense que les authentiques dépositaires des aspirations et des contradictions inhérents aux plans de nouvelle colonisation, ce sont les saint-simoniens. Nous n'avons pas eu de communication sur le saint-simonisme, mais les perspectives ne sont pas fermées !

Bernard Gainot
IHRF - IHMC - UMR 8066

Les auteurs

Claire Bourhis-Mariotti, Université de Paris 8
Marcel Dorigny, Université de Paris 8
Bernard Gainot, Université de Paris I Panthéon-Sorbonne (IHRF)
Jean-Claude Halpern, docteur en histoire APECE
Angelie Sens, chercheuse au NIASKNAW Amsterdam
Francesca Sofia, Université de Bologne
Clément Thibaud, EHESS, Paris
Alessandro Tuccillo, Università degli Studi di Napoli Federico II

Index des noms de personnes

Demard, Jean-Christophe : 123, 145, 146

K

L

M

Minerbi, M. : 74, 85

N

O

P

Q

R

S

Table des matières